中央财政支持高等职业学校专业建设·旅游管理专业特色系列教材

普通高等教育"十二五"规划教材

旅游饭店实训教程

主　编○张进伟

副主编○潘善环　李　涛　王晓雪　张丽妮

参　编○杨镇奉　李　端　张海峰　曾兴华

西南交通大学出版社

·成　都·

图书在版编目（CIP）数据

旅游饭店实训教程 / 张进伟主编. —成都：西南
交通大学出版社，2014.10
中央财政支持高等职业学校专业建设. 旅游管理专业
特色系列教材
ISBN 978-7-5643-3487-1

Ⅰ. ①旅… Ⅱ. ①张… Ⅲ. ①旅游饭店－商业服务－
高等职业教育－教材 Ⅳ. ①F719.3

中国版本图书馆 CIP 数据核字（2014）第 229927 号

中央财政支持高等职业学校专业建设·旅游管理专业特色系列教材

旅游饭店实训教程

主编　张进伟

责 任 编 辑	吴明建
特 邀 编 辑	郭鸿玲
封 面 设 计	何东琳设计工作室
出 版 发 行	西南交通大学出版社 （四川省成都市金牛区交大路 146 号）
发行部电话	028-87600564　028-87600533
邮 政 编 码	610031
网　　　址	http://www.xnjdcbs.com
印　　　刷	成都勤德印务有限公司
成 品 尺 寸	185 mm × 260 mm
印　　　张	12
字　　　数	294 千字
版　　　次	2014 年 10 月第 1 版
印　　　次	2014 年 10 月第 1 次
书　　　号	ISBN 978-7-5643-3487-1
定　　　价	25.00 元

课件咨询电话：028-87600533
图书如有印装质量问题　本社负责退换
版权所有　盗版必究　举报电话：028-87600562

总　序

　　阿坝师范高等专科学校地处阿坝州，在办学思路上一直致力于服务当地经济文化的发展，为阿坝州的发展输送了很多人才，不少毕业生扎根于阿坝州，成为基层骨干。

　　阿坝州旅游资源十分丰富，旅游业是其经济发展的重要动力，为此阿坝师范高等专科学校在其优厚资源基础上设立了旅游管理专业，并将其作为学校优势特色专业之一。为了在教学中培养学生服务地方经济的能力，编写一套适合我校学生实际情况和具有阿坝州区域特色的旅游管理专业系列教材就显得非常急迫。值得高兴的是，经过一年的策划、调研、编写，这套系列教材已初步完成，包括《阿坝州旅游景点导游词》《四川省旅游资源与文化》《藏羌文化与民俗》《藏羌歌曲精编》《旅游饭店实训教程》《旅行社 OP 计调实务》等。相信这些特色教材投入使用后，能大大提高旅游管理专业学生的学习兴趣和教学质量，为我校继续服务地方旅游事业打下更好的基础。

马洪江

2013 年 3 月 25 日

前　言

为适应旅游管理类高职高专教学的需要，培养能满足旅游业一线需要的"以职业能力为本位，以实践为主线"的高等技术应用型专门人才，根据高职高专旅游类专业人才培养方案、旅游饭店实训课程教学基本要求及最新旅游饭店对人才的需要，我们编写了这本教材。

为了使学生更好地掌握实用的基础理论、扎实的专业知识和较好的专业技能，我们在编写过程中研究、吸收了目前国内出版的同类教材的优点，并努力做到：结构合理、条理清晰、通俗易懂、好教易学。为此我们在内容、结构、体例上均有较大创新，突出应用创新能力的培养，按旅游饭店岗位的工作流程编排内容，将其整合和分解成基础实训、前厅实训、客房实训、餐厅实训四个篇目。教材体系的编排能激发学生的学习积极性，便于其根据自身需要有针对性地学习，以达到快速提高旅游饭店服务实际操作能力的目的。

本书可作为高等专科学校、高等职业学校旅游管理类专业的教学用书，也可作为成人高等学校以及本科院校举办的独立学院和民办高校的旅游管理类专业的配套用书，也适合作为旅游饭店在职人员培训及管理人员参考用书。

本教材的编写分工如下：阿坝师范高等专科学校管理系陈林主任担任总策划，张进伟确定编写大纲，并承担总台实训与客房实训部分的编写和全书总撰；桂林旅游高等专科学校潘善环承担礼宾实训部分的编写，包头轻工职业技术学院李涛承担餐厅实训部分的编写，延边职业技术学院王晓雪承担客房实训部分的编写，铜仁职业技术学院张丽妮承担商务中心实训部分的编写，延边职业技术学院杨镇奉承担大堂吧实训部分的编写，阿坝师范高等专科学校李端、张海峰、曾兴华联合承担基础实训部分的编写，全书由张进伟统稿。

本书的编写者都是来自高职高专职业教育工作的教学与科研第一线，他们在各自所长的学科领域也都有很多建树。作为本书的主编，我十分感谢他们在编写过程中所做出的巨大努力以及展现出来的合作与奉献精神。

本书的编写参考了有关专家编著的教材和专著，在此表示由衷的感谢。由于编者水平有限，加之本人对旅游职业教育的理解缺乏深度，因此，本书还会存在总体架构、基本思想和具体编写工作方面的诸多不足甚至错谬。书中如有不足之处，敬请使用本书的师生与读者批评指正，以便修订时改进。

编　者

2014 年 10 月

目 录

模块一 基础实训

模块二 前厅实训

模块三 客房实训

模块四　餐厅实训

模块一

基础实训

实训项目一：仪容、仪表、仪态实训

一、实训目的

旅游饭店服务员的仪容、仪表、仪态体现出饭店员工的精神面貌，好的面貌可以给宾客带来清新的感觉、美的享受。通过仪容、仪表、仪态的培训，使学生掌握基本的服务姿态，了解饭店对服务人员仪态的要求。

二、实训时间

1 学时。

三、实训准备

实训场地准备：模拟餐厅、模拟客房。

实训用品准备：椅子、餐桌、镜子等。

仪容仪表准备：与课人员身着职业装，女生化淡妆、盘发。

四、实训方法

由老师进行示范，然后 6 人一组，每人分别进行实际操作。

五、实训知识

仪容，通常是指人的外观、外貌，重点是指人的容貌。在人际交往中，每个人的仪容都会引起交往对象的特别关注，并将影响到对方对自己的整体评价。在个人的仪表问题之中，仪容是重中之重。

仪态，是人的姿势、举止和动作。不同国家，不同民族，以及不同的社会历史背景，对不同阶层、不同特殊群体的仪态都有不同标准或不同要求。传统社会中西方国家的贵族阶层和统治集团的上层人物的仪态讲究绅士风度；不同宗教对其教徒也要求具有宗教特征的仪态。我国几千年的封建社会历史，逐渐形成很多对不同社会阶层的仪态的标准和要求。在社会主义社会，提倡讲文明、讲礼貌，要求每个人仪态应当力求美化。

六、实训标准

整体：整齐清洁、自然，大方得体，神采奕奕，充满活力。

头发：整齐清洁，不可染色，不得披头散发。短发，前不及眉、旁不及耳、后不及衣领；长发，刘海不过眉毛，过肩要扎起（使用公司统一发夹，用发网网住，夹于脑后），整齐扎于头巾内，不得使用夸张耀眼的发夹。

耳饰：只可戴小耳环（无坠），颜色清淡。

面貌：精神饱满，不浓妆艳抹，不带个人情绪，不用有浓烈气味的化妆品，不用颜色夸张的口红、眼影、唇线；口红脱落，要及时补妆。

手：不留长指甲，指甲长度以不超过手指尖为标准，不准涂有色指甲油，经常保持清洁，手上不允许佩戴任何饰品。

衣服：合身、烫平、清洁、无油污，员工胸牌佩戴于左胸，长衣袖、裤管不能卷起，夏装衬衣下摆须扎进裙内，佩戴项链等饰物不得露出制服外。

围兜：清洁，无油污，无破损，烫平，系于腰间。

鞋：要求穿着公司统一配发的皮鞋，保持清洁，无破损，不得穿拖鞋走路。

袜子：要求无勾丝、无破损，只可穿无花、净色的丝袜。

身体：勤洗澡，无体味，不得使用浓烈气味的香水。

七、实训内容

（1）10 人一组站成一排，两人之间保持 1 米的间距。

（2）站立要端正，挺胸收腹，眼睛平视，嘴微闭，面带笑容，双臂自然下垂在体前交叉，右手放在左手上，以保持随时向客人提供服务的姿态。双手不叉腰、不插袋、不抱胸。

（3）脚呈"V"字形，双膝和脚后跟要靠紧。站累时，脚可以向后站半步或移动一下位置，但上身应保持正直；不可把脚向前或向后伸开太多，甚至叉开很大，也不可依壁而立。

（4）站立 10 分钟后，两人一组开始练习行走。

（5）行走时要轻而稳。注意昂首、挺胸、收腹，肩要平、身要直，双脚走一条线，不迈大步。

（6）行走时不可摇头晃脑，不奔跑、跳跃，不要左顾右盼。

实训项目二：微笑实训

一、实训目的

通过微笑训练，使学生明确服务过程中对笑容的要求，并经过反复训练能够达到自然微笑的效果。

二、实训时间

实训授课 1 学时，共计 45 分钟。其中，示范讲解 10 分钟，学员操作 30 分钟，考核测试 5 分钟。

三、实训准备

实训场地准备：模拟餐厅、模拟客房。

实训用品准备：服务台、餐桌、餐椅等。

仪容仪表准备：与课人员身着职业装，女生化淡妆、盘发。

四、实训方法

由老师进行示范，然后 6 人一组，每人分别进行实际操作。

五、实训标准

微笑是弯曲的嘴两端附近的肌肉所形成的面部表情。在人与人之间，它是一种表达情感的方式，表示愉悦、欢乐、幸福，或乐趣，但也可以是一个焦虑的非自愿性的表达。微笑是不分文化、种族和宗教的表情，每个人都能理解它，它是国际通用的。

国际标准微笑，就是别人在离你三米时可以看到绝对标准迷人的微笑。面容祥和，嘴角微微上翘，露出的 8 或 6 颗上齿。注意要保持牙齿的清洁以表示尊重。

六、实训内容

（1）放松肌肉：放松嘴唇周围肌肉就是微笑练习的第一阶段，又名"哆来咪"练习。嘴唇肌肉放松运动是从低音哆开始，到高音咪，大声清楚地说三次每个音。

（2）形成微笑：这是在放松的状态下，根据大小练习笑容的过程，练习的关键是使嘴角上升的程度一致。如果嘴角歪斜，表情就不会太好看。练习各种笑容的过程中，会发现最适合自己的微笑。

① 小微笑：把嘴角两端一齐往上提，给上嘴唇拉上去的紧张感，稍微露出 2 颗门牙，保持 10 秒之后，恢复原来的状态并放松。

② 普通微笑：慢慢使肌肉紧张起来，把嘴角两端一齐往上提，给上嘴唇拉上去的紧张感，

露出上门牙 6 颗左右，眼睛也笑一点。保持 10 秒后，恢复原来的状态并放松。

③ 大微笑：一边拉紧肌肉，使之强烈地紧张起来，一边把嘴角两端一齐往上提，露出 10 个左右的上门牙，也稍微露出下门牙。保持 10 秒后，恢复原来的状态并放松。

（3）保持微笑：一旦寻找到满意的微笑，就要进行维持这个表情 30 秒钟的训练。尤其是照相时不能敞开笑容的人，如果重点进行这一阶段的练习，就可以获得很好的效果。

（4）修正微笑：虽然认真地进行了训练，但如果笑容还是不那么完美，就要寻找其他部分原因。如果能自信地笑，就可以把缺点转化为优点，不会成为大问题。

① 缺点一：嘴角上升时会歪。

意想不到的是两侧的嘴角不能一齐上升的人很多。这时利用木制筷子进行训练很有效（如图 1-1 所示）。刚开始会比较难，但若反复练习，就会在不知不觉中两边一齐上升，形成优美的微笑。

图 1-1

② 缺点二：笑时露出牙龈。

笑的时候露很多牙龈的人，往往笑的时候没有自信，不是遮嘴，就是腼腆地笑。自然的笑容可以弥补露出牙龈的缺点，但由于本人太在意，所以很难自然地笑。露出牙龈时，通过嘴唇肌肉的训练可以弥补。

（5）挑选满意的微笑：以各种形态尽情地试着笑，在其中挑选最满意的笑容，然后确认能看见多少牙龈。大概能看见 2 毫米以内的牙龈，就很好看。

① 反复练习满意的微笑：照着镜子，试着笑出前面所选的微笑。在稍微露出牙龈的程度上，反复练习美丽的微笑。

② 拉上嘴唇：如果希望在微笑时，不露出太多牙龈，就要给上嘴唇稍微加力，拉下上嘴唇，保持这一状态 10 秒。

（6）修饰有魅力的微笑：如果认真练习，就会发现自己有魅力的微笑，并能展现那微笑。伸直背部和胸部，一边用正确的姿势在镜子前面微笑，一边修饰自己的微笑。

实训项目三：站姿实训

一、实训目的

通过站姿练习，使学生了解优美的站姿对旅游饭店服务人员的重要性，掌握标准的站立姿势及不同情况下的站姿变化。

二、实训时间

实训授课 1 学时，共计 45 分钟。其中，示范讲解 10 分钟，学员操作 30 分钟，考核测试 5 分钟。

三、实训准备

实训场地准备：模拟餐厅、模拟客房。

实训用品准备：服务台、餐桌等。

仪容仪表准备：学生着职业装，女生化淡妆、盘发。

四、实训方法

由老师进行示范，然后 6 人一组，每人分别进行实际操作。

五、实训标准

标准的站姿，从正面观看，全身笔直，精神饱满，两眼正视，两肩平齐，两臂自然下垂，两脚跟并拢，两脚尖张开 60 度，身体重心落于两腿正中；从侧面看，两眼平视，下颌微收，挺胸收腹，腰背挺直，手中指贴裤缝，整个身体庄重挺拔。标准站姿要求如下（如图 1-2 所示）：

（1）抬头，头顶平，双目向前平视，嘴唇微闭，下颌微收，面带微笑，动作平和自然。

（2）双肩放松，稍向下沉，身体有向上的感觉，呼吸自然。

（3）躯干挺直，收腹，挺胸，立腰。

（4）双臂放松，自然下垂于体侧，手指自然弯曲。

（5）双腿并拢立直，两脚跟靠紧，脚尖分开呈 60 度，男子站立时，双脚可分开，但不能超过肩宽。

（6）身体立直，双手置于身体两侧，双腿自然并拢，脚跟靠紧，脚掌分开呈"V"字形。

（7）身体立直，右手搭在左手上，贴在腹部，两腿并拢，脚跟靠紧，脚掌分开呈"V"字形。

（8）身体立直，右手搭在左手上，贴在腹部，两腿分开，两脚平行比肩宽略窄一点。

（9）身体重心应在两腿中间，防止重心偏左或偏右，做到挺胸、收腹、立腰。

（10）穿礼服或是旗袍时，双脚并列，但应该前后稍稍分开，以一只脚为中心站立。

（a）男式标准站姿　　　　　　　　　　（b）女式标准站姿

图1-2

六、实训内容

（1）练习基本站姿：对于酒店服务员来说，在工作岗位上，应该采用标准的站姿为客人提供服务。标准的站姿不仅姿态优雅，而且能够帮助呼吸、改善血液循环，避免身体疲劳。

（2）练习不同场景的站姿变化：在特殊情况下或者工作需要，有时基本站姿并不适用，这时应当对基本站姿进行一定的变化。以下列举一些不同场景所需要的站姿变化。

① 为客人服务时的站姿。

为客人服务的站姿，也称接待员的站姿。一般情况下，酒店服务人员在工作岗位上接待服务对象时，可以采用这种站姿。

第一，注意采用站姿为客人服务的时机。

没有障碍物挡身而站立时；站立受到他人的注视时；站立与他人进行短时间交谈时；站立倾听他人的诉说时。

第二，把握站姿为客人服务的标准。

头部微微侧向自己的服务对象，但一定要保持面部的微笑；手臂可以持物，也可以自然地下垂；在手臂垂放时，从肩部至中指应当呈现出一条自然的垂线；小腹不宜凸出，臀部应当收紧。

② 柜台待客的站姿。

在柜台待客时，由于长时间站立，难免会疲惫不堪。在这种情况下，服务人员很难做到一直保持基本站姿。这时，由于柜台的遮挡，服务人员的站姿可以有一定的变化。因此，柜台待客的站姿，也可称为长时间站姿、障碍物挡身时的站姿。

第一，采用柜台待客站姿的时机。

当前面有柜台的时候；当身前有其他障碍物挡身的时候；当身前有其他人的时候。

第二，柜台待客站姿的标准。

手脚可以适当放松，但不可完全放松；可以在以一条腿为重心的同时，将另一条腿向外侧稍微伸出一些，使双脚分开放松。双手可以指尖朝前，轻轻扶在身前的柜台上；双膝要尽量伸直，不要出现弯曲；肩臂自由放松，在敞开胸怀的同时，一定要伸直脊背。

③ 恭候客人的站姿。

恭候客人的站姿，又称轻松的站姿。这种姿态比较轻松、舒适。

第一，采用恭候客人的站姿时机。

当自己的工作岗位处于没有客人需要接待时；恭迎服务对象来临时；当服务对象暂时离开时；当前面有障碍物时。

第二，恭候客人站姿的标准。

双脚可以适度叉开，两脚可以相互交替放松，并且可以踮起一只脚的脚跟；双脚、双膝可以稍许分开，但不宜离得过远，一般不超过 10 厘米；肩、臂应自然放松，手部不可随意摆动；上身要挺直并目视前方；叉开的双腿不要反复不停地换来换去。

实训项目四：走姿实训

一、实训目的

通过走姿练习，使学生了解优美走姿对旅游饭店服务员的重要性，掌握标准的走姿和特殊情况下的走姿。

二、实训时间

实训授课 1 学时，共计 45 分钟。其中，示范讲解 10 分钟，学员操作 30 分钟，考核测试 5 分钟。

三、实训准备

实训场地准备：模拟餐厅、模拟客房。

实训用品准备：服务台、柜台、电梯、楼梯等。

仪容仪表准备：与课人员身着职业装，女生化淡妆、盘发。

四、实训方法

由老师进行示范，然后 6 人一组，每人分别进行实际操作。

五、实训内容

走姿是人体所呈现出的一种动态，是站姿的延续。走姿文雅、端庄，不仅给人以沉着、稳重、冷静的感觉，而且也是展示自己气质与修养的重要形式。

简单来说，正确的走姿有三个要点：从容、平稳、直线。

对酒店服务人员来说，在工作中往往会出现陪同引导、上下楼梯、进出电梯等情况，在这些情况下，基本的走姿必然是不适用的，需要对走姿进行一定的变化，以适应不同的场合。

1. 陪同引导

在工作中，酒店服务人员经常需要陪同客人一起行进，并在行进过程中给客人以引导。陪同引导，应采用正确的方位，引导时要尽可能走在宾客左侧前方，整个身体半转向宾客方向，保持两步的距离。如果请对方开始行进时，应面向对方，稍许欠身。如果服务人员与客人并排行走，服务人员应走在客人的左侧。如果服务人员与客人一前一后行走，服务人员应走在客人的左前方约1米的位置。如果引导客人去一个他不太熟悉的地方，服务人员应走在客人前方的外侧。如果是在行进中与对方交谈或答复客人提问时，头部和上身应转向对方。与客人同行时，应尽量与客人保持步调一致。如果自己的步幅比客人大，应把步子放慢些，切勿我行我素。在陪同引导客人的时候，一定要处处以客人为中心。在经过拐角、楼梯或光线不好的地方时，一定要提醒客人留意。

2. 上下楼梯

在正常情况下，服务人员应使用员工专用的楼梯和电梯，以免物品与客人接触，从而产生不可预测的事件。楼梯是通往楼层的通道，服务人员不能把楼梯当成休息、与人交谈的场所。在上下楼梯的时候，应尽量在右侧通行，把左侧让出来，让有急事的人快速通行。在陪同客人上下楼梯时，应礼貌待客，坚持走在客人的左前侧。

3. 进出电梯

一般情况下，酒店服务人员应使用员工专用电梯，而不可使用客人专用的电梯，除非是在陪同客人的情况下可以使用客人专用的电梯。上电梯前，应该让电梯里面的人先出来，然后自己再进去。如果电梯里人员过多，可等下一趟，不可使电梯超载。进出电梯时，应侧身而行，以免碰撞、踩踏别人。陪同客人来到电梯门前时，先按电梯呼梯按钮。电梯到达厅门打开时，若客人不止一人，可先行进入电梯，一手按住"开门"按钮，另一手按住电梯一侧门，礼貌地说"请进"，请客人进入电梯。进入电梯后，按下客人要去的楼层按钮。在电梯内，只要空间许可应与客人保持30厘米左右的距离。到达目的楼层时，一手按住"开门"按钮，另一手做出请出的动作，可说："到了，您先请。"客人走出电梯后，自己立刻步出电梯，并热诚地引导行进的方向。若电梯行进间有其他人员进入，可主动询问要去几楼，帮忙按下按钮。电梯内可视状况决定是否需要寒暄。假如没有其他人员时可略作寒暄，有外人或其他同事在时，可斟酌是否要寒暄。在电梯内尽量侧身面对客人。下电梯时，要提早做好准备，自觉地换到电梯门口。

4. 出入房间（送餐服务）

在进入客人房间前，要通过敲门或按铃的方式，向房间内的客人通报。贸然进入他人的房间是十分不礼貌的。敲门的标准，是手背朝向房门，用手指的关节轻轻敲打房门，连续地、有节奏地敲打三下，然后停止敲门，静等房间内的反应，如果没有反应，再次连续地、有节奏地敲打三下。一般情况下，这样重复三次之后，房间内还是没有反应，就表明房间内没人，服务人员不可一直敲门。切不可用手掌拍打房门，这是非常粗鲁的行为。

按铃的标准，是用手按住门铃1~2秒，然后放开，静等房间内反应，如果没有反应，再次用手按住门铃1~2秒，切不可一直用手按住门铃，这会让房间内的客人受到干扰，是十分不礼貌的。

出入房间，一定要注意用手来开关房间的门，切不可用肘部、膝盖、脚尖、脚跟关门，这些都是不礼貌的表现。当房间内有人时，服务人员进入房间应该面向他人，反手关门。用背部对着他人进入房间是不礼貌的。与客人一起进入房间时，服务人员应该先让客人进入房间，最后自己进入并关上房门；与客人一起从房间出来时，服务人员应该让客人先出房间，最后自己出房间并关上门。当服务人员与客人一起进入房间时，应该为客人推开房门；当服务员与客人一起走出房间时，应为客人拉开房门。但是，推门或拉门的时候，服务人员应该站在门的旁边或门的后面，而不应挡在门口。

5. 搀扶帮助

在酒店服务中，服务人员经常需要对一些老、弱、病、残、孕等客人进行搀扶帮助，这就要求服务人员掌握搀扶帮助时的标准走姿。一般来说，搀扶的时候，总是用自己的一只手或者双手，轻轻地架着服务对象的一只手或者一只胳膊。

搀扶帮助的标准，是在服务工作中，服务人员发现有需要搀扶的服务对象时，应先询问对方是否需要帮助，若对方确实需要帮助服务人员才可进行搀扶。不等对方答应就进行搀扶，往往会引起客人的不舒服。搀扶往往在行进中，正确的搀扶方法，是一只手臂越过对方的腋下，架着其胳膊，然后用另一只手扶在对方的小臂上。用越过对方腋下的那只手臂尽力搀住对方。搀扶他人，往往是在对方身体不好或遇到特殊情况行走困难之时，因此，服务人员在搀扶他人的时候，应该步速适中，主动与对方的步速保持一致，不要过快地搀扶对方去目的地，这会让对方感觉自己是被拖着走。同时，在搀扶行走的过程中，应该根据对方的身体状况考虑是否需要休息，如果对方非常虚弱，则需经常性地休息一下，以便缓和其身体的压力。

实训项目五：手势实训

一、实训目的

通过恰当的手势实训，使学生掌握递接物品、展示物品、招呼别人、举手致意、与人握手、挥手道别等常用的手势。

二、实训时间

实训授课 1 学时，共计 45 分钟。其中，示范讲解 10 分钟，学员操作 30 分钟，考核测试 5 分钟。

三、实训准备

实训场地准备：模拟餐厅、模拟客房。

实训用品准备：服务台、柜台、餐桌等。

仪容仪表准备：与课人员身着职业装，女生化淡妆、盘发。

四、实训方法

由老师进行示范，然后 6 人一组，每人分别进行实际操作。

五、实训标准

手势是指人类用语言中枢建立起来的一套用手掌和手指位置、形状的特定语言系统。其中包括通用的，如聋哑人使用的手语。很多手势都可以反映人的修养、性格。所以工作人员要注意手势的幅度、次数、力度等。

手势礼仪要点之一：大小适度。在社交场合，应注意手势的大小幅度。手势的上界一般不应超过对方的视线，下界不低于自己的胸区，左右摆的范围不要太宽，应在人的胸前或右方进行。一般场合，手势动作幅度不宜过大，次数不宜过多，不宜重复。手势礼仪要点之二：自然亲切。与人交往时，多用柔和曲线条手势，少用生硬的直线条手势，以求拉近心理距离。

标准礼仪握手应包括以下环节。

场合：一般在见面和离别时用。冬季握手应摘下手套，以示尊重对方。一般应站着握手，除非生病或特殊场合，要欠身握手，以示敬意。

谁先伸手：一般来说，和妇女、长者、主人、领导人、名人打交道时，为了尊重他们，把是否愿意握手的主动权赋予了他们。但如果一方先伸了手，妇女、长者、主人、领导人、名人等为了礼貌起见也应伸出手来握。见面时对方不伸手，则应向对方点头或鞠躬以示敬意。见面的对方如果是自己的长辈或贵宾，先伸了手，则应该快步走近，用双方握住对方的手，以示敬意，并问候对方"您好"，"见到您很高兴"等。

图 1-3

握手方式：和客人握手时，应伸出右手，掌心向左虎口向上，以轻触对方为准（如果男士和女士握手，男士应轻轻握住女士的手指部分），时间 1～3 秒钟，轻轻摇动 1～3 下。

握手力量轻重：根据双方交往程度确定。和客人握手应轻握，但不可绵软无力；和熟悉的人应握重些，表明礼貌、热情。

长久地握着异性的手不放是不礼貌的，男士与女士握手时间要短一些，用力要轻一些，一般应握女士的手指。

在正常情况下，坐着与人握手是不礼貌的。握手时，应站起身来表示礼貌。

握手时目光应该注视对方，用专注的表情表示礼貌，要避免目光他顾心不在焉，也不应该目光下垂，那样显得拘谨。

握手时一定要用右手。用左手与人握手是不合适的。在特殊情况下用左手与人握手应当说明或者道歉。

握手时不宜交叉握手。各种场合，握手要讲究顺序，不要越过其他人正在握手的手去同另一个人握手。

在某些情况下，如老友久别重逢，或会见嘉宾，握手的时间可以稍长一些，还可以同时伸出左手去握住对方右手的手背，两手做紧握状，不过这种方式不能对女士或初次相识者使用。

标准的握手姿势，伸出右手，以手指稍用力握对方的手掌，持续 1～3 秒。双目注视对方，面带笑容，上身要略微前倾，头要微低。

若一个人要与许多人握手，那么最有礼貌的顺序应该是：先上级后下级，先长辈后晚辈，先主人后客人，先女士后男士。

六、实训内容

1. 递接物品

在服务工作中，酒店服务人员经常需要为客人递接物品。递接物品的标准如下：

（1）双手为宜。

一般情况下递接物品时，应该采用双手，这是一种礼貌的表现。在特殊情况下，无法采用双手递接的，应该使用右手递接。注意用左手递接物品是失礼的行为。

（2）递于手中。

给客人递送物品的时候，一定要直接交到对方手中。不要把物品放于其他位置，除非客人要求，服务人员也应配合相应的语言，如"根据您的要求，我把物品放在桌子上了"。

（3）主动上前。

如果与客人距离较远，服务人员应主动起身将物品递给对方，如果自己是坐着的，应该主动起身走到客人面前，或站立着把物品递给对方。

（4）方便接拿。

把物品递给客人时，应该考虑到对方接拿的方便，能够让对方顺利接拿。当递送有文字的物品时，应该使文字的正面朝向对方。

（5）尖刃向内。

当递送带尖、带刃等易于伤人的物品给客人时，应该将尖刃朝向自己，或者朝向其他方向，千万不能朝向对方。如果朝向客人，是非常失礼的。

2. 展示物品

在服务工作中，服务工作人员经常需要向客人展示物品。展示物品的动作标准如下：

（1）便于观看。

展示物品时，一定要将展示的物品正面朝向观看者，举至一定的高度并停留一定的时间，让观看者充分地看清楚物品。如果在场的观众很多，应变换不同角度，把物品展示给不同方向的观看者。

① 在展示的时候，不仅要有现场操作，而且要配合相应的介绍。

② 操作的动作，要干净利索、步骤清楚，同时可适当重复重要的环节。

③ 解说时，应该口齿清楚、语速缓慢，可适当重复。

（2）手势正确。

在展示物品的时候，服务人员一般用下列四种手势：

① 将物品举至双肩时，上不过眼、下不过胸。

② 将物品平端前伸时，肘部向外，上不过眼、下不过胸。

③ 将物品举至高于自己的双眼时，这种于位不适用于展示物品。

④ 将物品置于胸部以下时，这种手位显得不够大方，不适用于展示物品。

3. 招呼别人

招呼别人，在服务工作中也会用到，但是，对于酒店服务人员来说，招呼别人要注意两点：一是要使用手掌，而不能使用手指；二是要掌心向上，而不能掌心向下。具体来说，招呼别人的手势有五种：

（1）横摆式。

横摆式，即手臂向外侧横向摆动，指尖指向被引导或指示的方向。这种招呼方式一般适用于请人行进时指引方向。

（2）直臂式。

直臂式，即手臂向外侧横向摆动，指尖指向前方。与横摆式不同的是，直臂式要将手臂抬至肩高。这种打招呼方式适用于引导或指示物品所在方向。

（3）屈臂式。

屈臂式，即手臂弯曲，由体侧向体前摆动，手臂高度在胸以下。这种招呼方式一般使用于请人就座时。

（4）斜臂式。

斜臂式，即手臂由上向下斜身摆动。这种招呼方式适用于请人就座时。

（5）双臂式。

双臂式，即双手叠放于腹前，然后抬至胸部以下，同时向身体两侧摆动，也可以双臂向同侧摆动。这种招呼方式一般适用于人员较多时指示或引导方向。

4. 举手致意

举手致意，也称挥手致意，用来向他人表示问候、致敬、感谢。当服务人员看到熟悉的客人，又无暇分身的时候，就举手致意。这样就可以立即消除对方的被冷落感。举手致意的标准如下：

（1）面向对方。

举手致意时应全身直立，面向对方，在目视对方时应面带微笑。

（2）手臂上伸。

致意时应手臂自下而上向侧上方伸出，可略有弯曲，也可全部伸直。

（3）掌心向外。

致意时掌心向外，即面向对方，指尖向上同时伸开手指。

（4）切勿乱摆。

举手示意时手臂的摆动应由下而上，有节奏地摆动。

5. 挥手道别

（1）身体站直。

尽量不要走动，更不要摇晃身体。

（2）目视对方。

目送对方远去直至对方离开，否则，会被对方理解为目中无人。

（3）手臂前伸。

道别时可用右手，也可双手并用，但手臂应尽力向前伸出，但须注意不可伸得太低或身体过分弯曲。

（4）掌心朝外。

挥手道别时，要保持掌心向外，否则是不礼貌的。

（5）左右挥动。

挥手道别时，要将手臂向左右两侧轻轻地来回挥动，尽量不要上下摆动。

实训项目六： 接打电话实训

一、实训目的

通过接打电话实训练习，使学生了解接打电话礼仪，掌握接打电话的技巧。

二、实训时间

实训授课 1 学时，共计 45 分钟。其中，示范讲解 10 分钟，学员操作 30 分钟，考核测试 5 分钟。

三、实训准备

实训场地准备：模拟餐厅、模拟客房。
实训用品准备：签字笔、便签纸、电话等。
仪容仪表准备：与课人员身着职业装，女生化淡妆、盘发。

四、实训方法

由老师进行示范，然后 6 人一组，每人分别进行实际操作。

五、实训标准

1. 接电话标准

听到电话铃声，要立即接电话，电话铃声不应超过三声。左手拿起听筒，简单问候，迅速报出本部门名称及本人姓名。如"您好，××部。""您好，我是×××。"（Good morning/evening.×××department./This is ×××.)

嘴唇与话筒距离 2 厘米，自然发声，说话清晰，发音准确。面带微笑，语调柔和，让客人从你的声音中体会到你的亲切。

通话时简明扼要，切忌用电话聊天。

问清对方姓名、事由，以正确的姓名和头衔称呼对方，使用敬语，如"谢谢""对不起""请原谅"等。（Thank you./I'm sorry./I beg your pardon.)

仔细听，不打断对方讲话，不可因不专心而要求对方重讲一次。

必要时，准确完整地记下通话要点。

通话完毕，让对方先挂断，然后轻轻放下听筒。

两部电话同时响，先接其中一个，向另一个致歉，请对方稍等一下，迅速接另一个电话，如："对不起，请稍等。"（I'm sorry, one moment, please.)

如需对方等稍长时间，应明确告知对方需要等候的时限，并建议对方稍等一会儿，或是过后回电给他，如"对不起，×××先生正在……，可以请您等几分钟吗？""过几分钟我打电话给您，好吗？"（I'm sorry，but ××× is doing something right now. Would you please wait a few minutes?/I'll call you back in a few minutes.）

需要适当的人处理某事时，要告诉对方你会将此事转告给适当的人来处理，或让处理该事的人打电话给他。如"这事由×××负责，如果需要的话，我帮您转达好吗？""这事由×××负责，如果您愿意，我会转告他，让他给您回电话。"

（This is handled by Mr.×××. I'll tell him about it if you like./This is something ×× department handles. If you wish，I'll refer it to them and ask them to call you back.）

需要转电话时，请对方稍等片刻，然后拨号。接通后，告诉对方"请说话"（Go ahead，please）。如果转不过去，应向对方致歉，并把有关办事机构的电话号码提供给对方。

接打错的电话时，要婉转对待，谦恭有礼地告知对方拨错电话，不可流露愠怒的声调。如"这里是××部，请问您要哪里？"（This is ×× department. Where are you calling?/Whom do you wish to speak to？）请对方查一查是否拨错了他想要的那个号码，不可简单草率地说"您打错了"，而应说："这里是××部，我们这里没有×××，您确认您拨的号码对吗？"（This is ×× department and we have no ×× here，sir，Are you sure you dialed the right number？）

通话中线路突然中断，接话者要马上挂上电话，等候对方重拨。

2. 打电话标准

左手拿话筒，右手拨号，电话接通后，简单问候对方，立即报出本部门和自己姓名。如"你好，我是××部，×××。"（Good morning/afternoon/evening. This is ××× of ×× department.）

简洁清楚地讲出事情原委，重要的地方要重复一下。

打完电话后，说声"再见"（Good bye），等对方先挂断电话，然后轻轻放下。

如要找的人不在，请对方留话，让他回来后回电话，告诉接电话的人自己的姓名、关系及电话号码。

如发现你拨通的号码不是想要的号码，马上查问号码，询问不可粗暴。如"对不起，请问你的电话号是××××××吗？"（Excuse me，but is that××××××？）发觉明显不符，需表示抱歉，如："对不起，打扰您了。"（I'm sorry to have disturbed you.）

如不指定找某人，最好以请求的方式巧妙说出自己的愿望。如"我希望了解有关……情况。""请帮我为×××预订……。"（I'd like some information about…/I'd like to reserve…for ×××.）

若你找的人不在，接电话的人（秘书或同办公室的其他同事）在电话中问"有什么事吗？我可以为你转告"，而你又不想告诉他时，应有礼貌地说："谢谢，不麻烦你了，过后我再和他联系吧，再见。"

通话过程中突然线路中断了，应马上挂断电话后主动再重新拨号，以便继续通话。切忌线路中断后就不打了，要知道对方在等候你的再次拨打。

六、实训内容

（1）备好电话号码。

相关电话号码包括房间电话、移动电话、传真等的号码。

（2）备好通话内容。

模拟工作岗位给服务对象打电话。一般应准备好通话内容，比较重要的事情，还可以准备一份通话提纲。

（3）拨打电话。

（4）问候语。

电话号码拨通后，服务人员应主动向对方问候，如"您好""早上好""下午好""晚上好"等问候用语，应该根据时间状况来选择使用。

（5）自我介绍。

当对方回应后，服务人员应主动进行自我介绍。如果电话是打给酒店外的客人，可以说："我是××酒店服务员××。"如果电话是打给酒店内的客人，可以说："我是××部门服务员。"

（6）寻找通话人。

自我介绍后，服务人员应该使用敬语，说明所找通话人的姓名或委托对方传呼要找的人，如："我需要找周博士，请问他在吗？""请问李总在吗？"

（7）分项说明事由。

当确认对方是自己要找的通话人后，服务人员应分项说明自己的通话事由。说明事由的时候要简单明了、层次分明。

（8）重复重要的内容。

如果事情比较重要，服务人员可重点重复重要内容。这些重要的内容包括时间、地点、数据、号码等。

（9）与对方核对重要内容。

当对方记下这些重要内容后，服务人员应请对方重复一遍自己的事由，并进行核对，确认对方是否已经明确或是否记录清楚。

（10）致谢，再见。

确认对方已经记清楚自己的事由后，服务人员应向对方表示感谢，然后向对方说再见。例如，"感谢您帮我这个忙，再见。"

（11）挂机。

通话结束后，应让对方先挂机，等对方放下电话后，自己再轻轻放下电话机。

模块二

前厅实训

实训项目一：总台实训

子项目一：总台领班实训

一、实训目的

通过总台领班的实训学习，使学生认识到总台领班工作的重要性，了解总台领班的工作内容，培养良好的职业习惯。

二、实训时间

实训授课 1 学时，共计 45 分钟。其中，示范讲解 15 分钟，学员操作 25 分钟，考核测试 5 分钟。

三、实训准备

实训场地准备：前厅实训室。

实训用品准备：团队预订单、散客预订单、电脑、房卡、入住登记单、续住报表、早餐券等。

仪容仪表准备：与课人员身着职业装，女生化淡妆、盘发。

四、实训方法

由老师进行示范，然后 6 人一组，每人分别进行实际操作。

五、实训内容

（1）7：20、15：20、23：20 三个时间段着装整齐到岗并签到。

（2）检查各岗位员工二级签到情况。

（3）检查当天员工仪容仪表是否符合酒店有关要求。

（4）检查夜班员工所做报表及卫生状况。

（5）听取夜班/早班员工对夜班/早班出现的事件汇报并做跟进处理。

（6）检查前一天总台类表单存档是否规范，特别是散客登记（内、外宾）内容是否齐全，公安系统是否传送，并单独整理归档。

（7）了解当天团体、会议活动和抵店客人的预订情况。

（8）掌握当天房间出租情况，明确当天可出租房间的数量和房型。

（9）掌握当天正确的房态情况，遇到超额预订需暂停销售时及时向上级领导请示汇报。

（10）认真查阅当天的预订单，熟记 VIP 客人的接待准备工作是否就绪，发现问题及时解决。

（11）负责 VIP 客人排房（要求房间是同类型中相对较好的房间），将好的房号第一时间通知客房部、大堂副理。检查当天 VIP 客人的接待准备工作是否就绪，发现问题及时解决。

（12）检查当班员工对预订客人的排房卡制作的准备情况。

（13）10：30 开始合理安排员工用餐，做好顶岗工作。

（14）与员工一起做好内外宾的接待工作，控制好客房的销售工作。

（15）当班（早班/中班/夜班）结束前检查每张登记单资料与电脑输入是否正确（重点在房数、姓名、入住天数及房价）。

（16）检查当班员工的交班记录，是否有遗漏。

（17）15：20 组织早中班员工在前厅办公室开交班例会，传达相关信息。

（18）18：30 检查员工对续住房早餐券发放情况，是否已送服务中心，并做好早餐券发放记录。

（19）检查当天的续住房情况，对未来办理续住手续的房间及时询问原因，了解情况，视情况予以处理或请示。

（20）检查工作范围内设施能否正常运转，发现问题立刻汇报，并通知工程部门进行修复。

（21）处理并接受宾客简易投诉。

子项目二：前台接待员实训

一、实训目的

通过对前台接待员的实训学习，使学生认识到前台接待工作的重要性，了解前台工作的内容，培养良好的职业习惯。

二、实训时间

实训授课 1 学时，共计 45 分钟。其中，示范讲解 15 分钟，学员操作 25 分钟，考核测试 5 分钟。

三、实训准备

实训场地准备：前厅实训室。

实训用品准备：团队预订单、散客预订单、电脑、欢迎卡、房卡、入住登记单、续住报表、早餐券等。

仪容仪表准备：与课人员身着职业装，女生化淡妆、盘发。

四、实训方法

由老师进行示范，然后 6 人一组，每人分别进行实际操作。

五、实训内容

（一）早班（8：00—16：00）

（1）7：55 着装整齐到岗并签到。与夜班人员交接班，看清交班本上有关上班交代的事项，跟进未完成事宜并签字确认。

（2）检查夜班报表是否齐全和准确，是否已交礼宾人员分送管理层。

（3）了解当天团体、会议活动和抵店客人的预订情况。

（4）掌握当天房间出租情况，明确当天可出租房间的数量和房型。做好预订房间排房工作。

（5）了解当天抵店 VIP 客人的相关信息。

（6）有团体订房时，先看清营销部下达的订单上有关事项，再看清电脑里的房态情况，按订单上的相关类型排房和相关要求输入，要求能集中排房。

（7）团体房排好以后，将排房信息及相关要求第一时间通知相关部门和岗位，以免出现失误（总机应关电话，房务中心应撤迷你吧，VIP 送鲜花水果，礼宾应安排运送行李）。

（8）将有预订的房间按要求事先尽量排好房间做好房卡，与预订单黄联放在一起，以提高客人入住时的登记速度。

（9）做好散客入住的接待服务，客到时应问候，客人签好时应道谢，办理好入住时有祝贺语和指引电梯方向的手势。

（10）做好宾客资料在公安系统上的传送工作。

（11）注意台面和电脑的卫生，整理好台面各零碎物品。

（12）受理宾客订房工作，填写预订单，将资料整理输入电脑。

（13）为宾客办理换房和续住手续。

（14）接受客人的各种问询。

（15）中午 12 点后查看是否有客人寄存在总台的房卡，核对电脑中客人的离店日期，如是当天离店的应做好客人的接待工作。

（16）配合收银做好离店客人的接待工作。

（17）对未完成的工作事项做好记录。

（18）下班前检查当班时登记的所有房价与电脑是否相符，电脑信息录入是否齐全，包括含早情况，做好早餐券发放记录。

（19）做好与下班交班准备工作，在前厅办公室内召开交班例会。

（20）下班前签退。

（二）中班（16：00—24：00）

（1）15：55 着装整齐到岗并签到。

（2）与早班人员交接班，看清交班本上有关上班交代的事项，跟进未完成事宜并签字确认。

（3）向当班人员详细了解当天将到相关团体的排房情况，以及房卡、早餐券等的准备情况。

（4）认真查看当天还未到的预订情况，了解当天可出租的房数和房型，做好散客预订排房及接待工作。

（5）了解当天抵店 VIP 客人的信息。

（6）认真做好团队入住接待工作，详细了解订单上有关事项和团队的会议接待计划，仔细核对团队入住登记单（房数、房价），如有团队叫醒要求的，应按时通知总机做好叫醒记录。

（7）为客人办理续住手续，同时打印续住客人报表为续住客人分发次日早餐券，并做好早餐券发放记录，续住报表要求存档。有客人要求换房的，按酒店要求为客人办理换房手续。

（8）18：00 与预订客人确认具体的抵店时间，客人通知取消的及时在电脑中做取消处理。

（9）做好宾客资料在公安系统上的传送工作。

（10）热情友好地接待好每位宾客的入住，做好客房的销售工作，合理地排房。

（11）21：00与那些已到预订抵店时间但未抵店的客人再次确认预订，或通知取消，及时在电脑中做取消处理。

（12）做好客人的问询工作，对有关事宜未能完成需下一班处理的要清楚详细地做好记录。

（13）注意台面和电脑的卫生，整理台面各零碎物品。

（14）认真做好预订未到的跟踪工作，明确客人是否取消或入住。

（15）下班前检查当班时登记的所有登记单房价与电脑是否相符，电脑信息录入是否齐全，包括含早情况，以及是否还有未续住的房间，如有向总台询问原因，了解情况，不能处理的及时请示大堂副理。

（16）做好交班准备工作，与晚班人员进行交接班。

（17）下班前签退。

（三）夜班（24：00—8：00）

（1）23：55着装整齐到岗并签到。

（2）与中班人员交接班，认真看清交班本，详细了解一天所发生的事情和未完成的事情，在交班本上签阅并跟进。

（3）查看电脑中是否还有预订未入住的房间，详细了解要客人抵店的确切时间，做好跟踪工作，对夜审还未到的预订客人且未通知做保留的及时在电脑中做取消处理，以免夜审后出现未入住的预订。

（4）24：00可从前厅办公室内搬凳子到总台进行坐式服务。

（5）认真核对电脑中当天入住房间的房价情况和其他相关信息，做好相应的修改。

（6）做好当天入住的登记单整理工作及装订、存档工作。登记单的存档以夜审前为一天，夜审后则为当天，界限要划分清楚（包括凌晨房也一样）。存档时注意要将合格登记单和不合格登记单分开装订（合格与不合格的区别在于：是否坚持一房一证的原则；登记单上的各项内容是否填写完整；公安扫描系统上是否有该客人的信息），并于晚班下班前放于主管办公桌上，以便审核。

（7）按酒店凌晨房开房时间的相关规定，认真接待好凌晨入住的宾客。

（8）夜审后认真核对打印出的当天营业日报表（三份，次日交由礼宾分送管理层、财务部经理各一份），早上6点打印当前所有在住客人报表（按房号顺序打印）和提前退房客人报表交西餐厅。

（9）将本日预订已到、未到、取消的预订单，变更通知单，团队登记单及客房水果赠送通知单等分类整理，按日期先后顺序统一放在总台抽屉内，月底统一进行存档。

（10）在客房空余的情况下，为次日到达团队事先排好房间、做好房卡，并发放早餐券。

（11）早上7：00准时将凳子撤回办公室。

（12）7：00之后查看次日客房预订情况，视预订情况为早班同事准备早餐券（分清当日应发放早餐券颜色；在早餐券上盖上日期戳）。

（13）查看台面摆放物品是否足够，为次日接待做好准备工作，将登记单、预订单、房卡、欢迎卡等物品补充齐全。

（14）做好岗位的卫生工作，包括台面卫生和电话机的消毒等。协助礼宾部凌晨寄存、领取行李工作。

（15）下班前检查当班时登记的所有登记单房价与电脑记录是否相符，电脑信息录入是否齐，全包括含早情况。

（16）检查各项工作，发现问题及时处理，将夜班发生的事项和未完成事项做详细记录，做好与早班的交班准备工作。

（17）仔细地与早班人员做好交班，下班时及时清理总台垃圾，并签退。

子项目三：散客电话预订实训

一、实训目的

通过对散客电话预订的实训学习，使学生认识到电话预订工作的重要性，了解散客电话预订的工作流程，掌握散客电话预订技能。

二、实训时间

实训授课 1 学时，共计 45 分钟。其中，示范讲解 15 分钟，学员操作 25 分钟，考核测试 5 分钟。

三、实训准备

实训场地准备：前厅实训室。
实训用品准备：散客预订单、电话、电脑等。
仪容仪表准备：与课人员身着职业装，女生化淡妆、盘发。

四、实训方法

由老师进行示范，然后 6 人一组，每人分别进行实际操作。

五、实训标准

接受预订工作标准流程，如图 2-1 所示。

六、实训内容

（1）电话铃响三声内接起，自我介绍："您好！总台。"（要求声音柔和，语速适中，吐字清晰。）

（2）确认客人要订房时，询问客人的抵离店日期、所需房间数量及房间类型。

（3）迅速查看电脑房态表，确定是否可以接受客人预订。

① 如当天客房已满，询问客人是否愿意等候，或更改抵店日期，在客人不愿意的情况下建议客人改相关宾馆。

② 如客人所需房类已订满，可建议预订其他类型的房间。

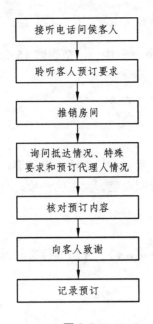

图 2-1

③ 可以接受预订：向客人介绍酒店房间的房价及相应的优惠措施；得到客人肯定后，询问客人的姓名（最好请客人留下全名）及要入住的客人姓名，如是外宾要仔细核对拼写，以免出现差错；询问订房人的联系方式及大概抵店时间；

④ 告知客人预订保留的时间一般到晚上 18：00；预订较满时询问客人是否需要担保预订。

⑤ 如客人有其他特殊要求，如房间朝向、楼层高低、送水果等，将要求详细记录在预订单的备注栏中。

（4）向客人重复一下预订信息，要求详细、准确。（×先生/小姐，您预订的是×月×日到×月×日的×个××房，房价是×元/晚，您的联系方式是××××××，您看对吗？您要是临时有变更请及时通知我们。）

（5）感谢客人："谢谢您的来电！"

（6）挂电话，礼貌、轻放，必须等客人先挂机后方可挂机。

（7）根据预订信息填写预订单。

（8）将预订信息及时输入电脑：确保订单与电脑信息保持一致。有特殊要求的在电脑备注中注明。在预订单的右上角写上电脑中相对应的预订号。

（9）留存预订单，要求按抵店日期先后分类归档放入资料夹中，并在订单上写上受理人姓名，受理日期。

子项目四：散客预订更改实训

一、实训目的

通过对散客预订更改的实训学习，使学生认识到散客预订更改的重要性，了解散客预订更改的工作流程，掌握散客预订更改的技能。

二、实训时间

实训授课 1 学时，共计 45 分钟。其中，示范讲解 15 分钟，学员操作 25 分钟，考核测试 5 分钟。

三、实训准备

实训场地准备：前厅实训室。
实训用品准备：预订单、预订变更单、电话、电脑等。
仪容仪表准备：与课人员身着职业装，女生化淡妆、盘发。

四、实训方法

由老师进行示范，然后 6 人一组，每人分别进行实际操作。

五、实训标准

预订更改工作标准流程，如图 2-2 所示。

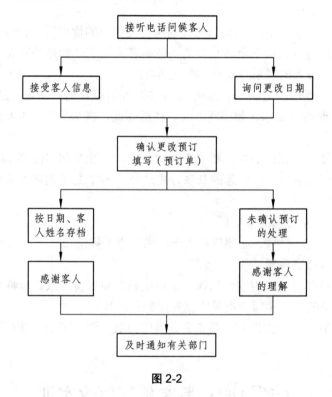

图 2-2

六、实训内容

（1）接到客人更改预订的通知时，应问清客人的姓名、原定抵店日期等情况，迅速在电脑中找到该客人的预订。

（2）询问客人更改要求（抵离店日期的更改、房数更改及房型的更改等）。

（3）根据客房预订情况，决定可否接受更改后的预订。

①若不能接受客人的更改要求，则应耐心解释，同时可根据情况建议改换房间种类，实在无房时，应向客人推荐相关的其他宾馆。

②若可接受客人的更改要求，则应该：

第一，详细记录客人的更改要求，并与其确认。

第二，更新电脑记录，找出原有的预订单，将重新填写的预订单与之合订在一起，新单注明变更。

第三，更改预订的同时如需要更改餐饮方面要求的，应及时通知有关部门更改记录。

第四，如更改预订的抵店日期，若是需要接送的客人，还须问清楚更改后的航班或车次，以便及时更正接送通知单，并通知相关部门，如礼宾（车辆预订更改）、客房（有些客人会要求将上次遗留的衣物寄存待下次来入住前放至房间，这种情况就要通知客房将衣服撤出来；或是 VIP 客人送鲜花水果的，也要通知撤掉）。

第五，按更改后的日期存放预订单。

第六，应记下要求更改预订人的姓名和联系电话，并将预订单按更改后的日期存档。

第七，若是通过传真要求更改预订的，确认更改后，将来电和复电与原来预订资料合订在一起存档。

子项目五：预订取消实训

一、实训目的

通过对预订取消的实训学习，使学生认识到预订取消的重要性，了解预订取消的工作流程，掌握预订取消的技能。

二、实训时间

实训授课 1 学时，共计 45 分钟。其中，示范讲解 15 分钟，学员操作 25 分钟，考核测试 5 分钟。

三、实训准备

实训场地准备：前厅实训室。

实训用品准备：预订单、预订取消单、电话、电脑等。

仪容仪表准备：与课人员身着职业装，女生化淡妆、盘发。

四、实训方法

由老师进行示范，然后 6 人一组，每人分别进行实际操作。

五、实训内容

（1）接到取消预订的通知时，应问清客人的姓名、原定抵店日期等情况，以便确认不把其他客人的预订误取消。

（2）迅速在电脑中按客人提供的信息找到该预订。

（3）根据预订抵店日期找出预订单，核准后在原预订单上注明取消字样并留存，同时将该预订在电脑中取消。

（4）预订取消的应记下通知人的姓名，公司传真通知取消预订的，应将传真与原来的预订资料装订在一起存档。

（5）如原预订有接机、订餐等特殊要求的，取消预订后，应将消息通知各有关部门，如礼宾（车辆预订更改）、客房（有些客人会要求将上次遗留的衣物寄存待下次来入住前放至房间，这种情况就要通知客房将衣服撤出来；或是 VIP 客人送鲜花水果的，也要通知客房部撤掉）。

（6）如预订时已支付了预订金的，应将客人的预付款单准确核对无误后，办理退款手续。预订高峰时的担保预订如通知取消的时间已超出取消预订时间视情况酌情处理，太晚了要向客人收取费用。

子项目六：预先排房实训

一、实训目的

通过对预先排房的实训学习，使学生认识到预先排房的重要性，通过预先排房保障有预订客人的用房，加快客人入住时的接待速度。

二、实训时间

实训授课 1 学时，共计 45 分钟。其中，示范讲解 15 分钟，学员操作 25 分钟，考核测试 5 分钟。

三、实训准备

实训场地准备：前厅实训室。

实训用品准备：预订单、预订取消单、电话、电脑、欢迎卡、房卡等。

仪容仪表准备：与课人员身着职业装，女生化淡妆、盘发。

四、实训方法

由老师进行示范，然后 6 人一组，每人分别进行实际操作。

五、实训标准

房间分配工作流程，如图 2-3 所示。

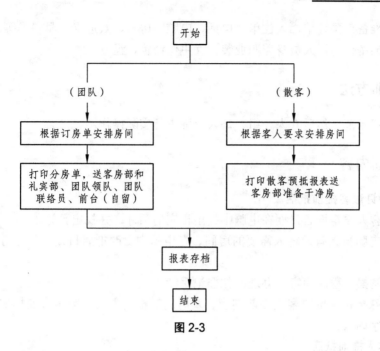

图 2-3

六、实训内容

（1）每天早上首先安排 VIP 客人、团体客人的房间及有特殊要求的用房，因为 VIP 房内需事先布置礼仪品，而团队客人要求安排相对集中的楼层，特殊要求包括新婚、残疾人用房等。

（2）在电脑排房屏幕中挑选 Vacant Clean 房。

（3）其次选择 Vacant Dirty 房。

（4）如所选择的房号状态是 Vacant Dirty，应及时报告房务中心，并与其保持联系协调，直至房务中心通知已变为 Vacant Clean 状态，确保客人抵店时顺利入住。

（5）安排好的 VIP 客人、团队客人及有特殊要求的客人用房房号，立即以书面形式分送相关部门，以便及时安排布置。

子项目七：预订客人提前抵店实训

一、实训目的

通过对预订客人提前抵店的实训学习，使学生掌握对提前抵店客人的服务技能。

二、实训时间

实训授课 1 学时，共计 45 分钟。其中，示范讲解 15 分钟，学员操作 25 分钟，考核测试 5 分钟。

三、实训准备

实训场地准备：前厅实训室。

实训用品准备：预订单、入住单、电话、电脑、房卡、欢迎卡、早餐券等。

仪容仪表准备：与课人员身着职业装，女生化淡妆、盘发。

四、实训方法

由老师进行示范，然后 6 人一组，每人分别进行实际操作。

五、实训内容

1. 一般预订散客提前抵店

（1）根据客人原定抵店日期在电脑中找出相应的预订，并找出预订单。

（2）查看电脑当天有无客人需要的房间，在电脑中更改抵店日期，将预订单上的抵店日期改为当天。

（3）按正常操作程序为客人办理入住登记手续。

（4）有特殊折扣房价的客人提前到店，及时通知相关人员，为客人安排房间，并请相关折扣批准人签字确认。

2. 团队客人提前抵店

（1）告知客人前一晚要按酒店当天房价收费，如有疑义可通过营销部确认或由旅行社发传真确认。

（2）按散客形式办理入住手续，在电脑备注中注明此房是××团队客人提前抵店，第二天需改房价，并在日志本上注明、交班。

（3）前一晚在排房时可尽量排团体楼层，以免第二天再转房。

（4）待团队到时通知领队已有客人先到，并告知其在住房号。

（5）将此客人在电脑中转入团队主单里成为团队成员。

子项目八：散客接待入住实训

一、实训目的

通过对散客接待入住的实训学习，使学生掌握散客入住的接待服务技能。

二、实训时间

实训授课 1 学时，共计 45 分钟。其中，示范讲解 15 分钟，学员操作 25 分钟，考核测试 5 分钟。

三、实训准备

实训场地准备：前厅实训室。

实训用品准备：预订单、入住单、电话、电脑、房卡、欢迎卡、早餐券等。

仪容仪表准备：与课人员身着职业装，女生化淡妆、盘发。

四、实训方法

由老师进行示范，然后 6 人一组，每人分别进行实际操作。

五、实训标准

客人入住工作标准流程，如图 2-4 所示。

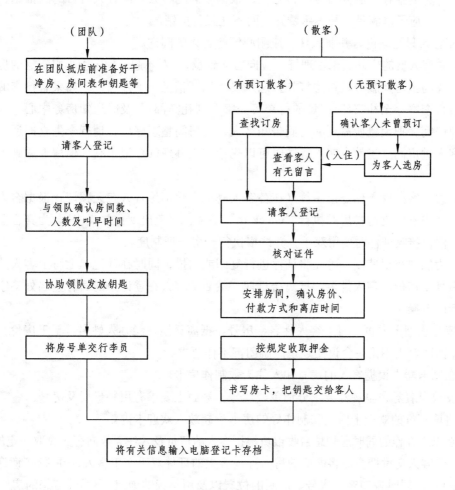

图2-4

六、实训内容

（1）当客人距总台 2 米远时，接待员应目视客人，向客人微笑问候。

（2）如遇接待员正忙的情况——

① 接听电话：应目光注视客人点头微笑，示意客人稍等，忙完后应向客人表示歉意："先生/小姐，对不起，让您久等了。"

② 接待其他客人：应向客人说："对不起，请您稍等。"尽快结束手头工作，接待客人，并再次向客人致歉："先生/小姐，对不起，让您久等了。"

③ 如若是老客户，应用姓氏称呼客人："×先生/小姐，您好！"

（3）与客人确认是否有预订："先生/小姐，请问您有预订吗?"

① 如客人是有预订的，根据客人提供的姓名或单位找到该预订，查看电脑和预订单与客人核对预订资料（包括房型、房数、房价、入住天数等），确认无误后，为宾客办理入住手续。

② 若客人无预订，应向客人介绍可出租房间的种类、价格，要注意语言技巧，使宾客乐于接受接待员的推荐。服务员应察言观色，根据不同的客人，向客人有目的的推销，待客人有了选择时，应予以满足，并表示赞同，而不能强行推销。

③ 如客人只是问询，并非入住，应耐心解答客人的问询。

（4）如客人要的房间还未整理好，应向客人致歉："对不起，×先生/小姐，您的房间还未整理好，我马上通知服务员帮您打扫，您先在休息区稍坐一下好吗？"如果有行李的话可先请客人将行李寄存至礼宾部："您的行李可先寄存到礼宾部。"及时通知房务中心，尽快帮助客人整理房间，把大概所需要的时间告知客人，待房间整理好后，请行李生立即通知客人，并引领客人进房间（当然在客人等候时可以先帮客人办理好登记手续，但房卡原则上不先交给客人）。

（5）为宾客办理入住登记手续（在替客人登记之前不论客人有无预订，根据客人的订房要求迅速在电脑中进行排房并执行"check-in"手续，以免出现重复卖房）。为宾客登记应要求出示证件，接收证件时要用双手，并严格执行一房一证制度。

（6）为加快登记速度，可先将证件进行复印或扫描，同时在登记单上写上客人的主要信息，如房号、房价、客人姓名、抵离店日期，然后请客人在登记单的宾客签名处签字确认，而后执行以下操作：

① 填写欢迎卡内页，写上客人姓名、房号、抵离日期、经办人姓名。至于房价，散客要求填写，团队客人不论是会议团还是旅游团都不作要求。

② 在制卡器上根据客人的房号和入住天数制作房卡。

③ 发放早餐券，早餐券要求分清单、双号，券面上要求有用餐日期及房号。

④ 将填写好的欢迎卡内页和制作好的房卡一起放入欢迎卡内。

⑤ 在以上操作的同时通知总台收银员根据客人的房价及入住天数向客人收取一定的押金。

（7）待客人交付押金后将做好的房卡连同客人的证件双手交于客人，并说："谢谢，请收好您的证件。"同时告知客人房号、房间的位置以及用早餐的地点、时间："您的房间是××，在×楼，电梯前面右转（配以手势），明天早上的早餐在2楼的自助餐厅，时间是7：00到9：30，祝您入住愉快。"

（8）客人离开后，根据复印或扫描的客人证件将登记单上的内容填全，并将客人信息输入电脑（特别注意客人的含早情况一定要在特要里面注明），如有特殊要求的在登记单和电脑的备注中注明，登记单上要求有接待员的签字。将原始单据，登记单第二联（红联），有预订单的同预订单一起装订，检查无误后交总台收银员。最后将客人证件在公安局系统中进行扫描，并输入相关信息，传送到公安局。

子项目九：团队预订实训

一、实训目的

通过对团队预订的实训学习，使学生认识到团队预订工作的重要性，了解团队预订的工作流程，掌握团队预订技能。

二、实训时间

实训授课 1 学时，共计 45 分钟。其中，示范讲解 15 分钟，学员操作 25 分钟，考核测试 5 分钟。

三、实训准备

实训场地准备：前厅实训室。

实训用品准备：团队预订单、电话、电脑等。

仪容仪表准备：与课人员身着职业装，女生化淡妆、盘发。

四、实训方法

由老师进行示范，然后 6 人一组，每人分别进行实际操作。

五、实训标准

团队预订工作流程，如图 2-5 所示。

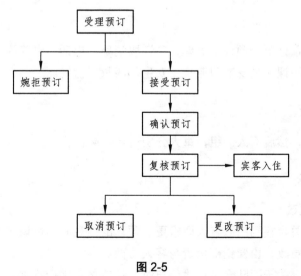

图 2-5

六、实训内容

（1）团队预订包括会议团预订和旅游团预订。

（2）原则上所有团队预订由营销部负责。

（3）营销部在接到团队预订后下预订单至总台，并进行签收。

（4）总台在接手时应确认以下信息：团队用房数、所有房间类型、团队抵离店日期及时间、团队人数、付款方式、特殊要求、联系人全名及联系电话号码等。

（5）如上述资料不详时，应及时与市场营销部有关人员联系，补全资料。

（6）接到团队预订单后要迅速根据预订单内容将预订信息输入电脑。

（7）将团队预订号记录在预订单右上角。

（8）根据团队抵店日期存放预订单。

（9）在团队抵店前三天，需打电话与相关团队确认订房信息。

子项目十：团队预订的更改或取消实训

一、实训目的

通过对团队预订更改或取消的实训学习，使学生认识到团队预订更改或取消的重要性，了解团队预订更改或取消的工作流程，掌握团队预订更改或取消的技能。

二、实训时间

实训授课 1 学时，共计 45 分钟。其中，示范讲解 15 分钟，学员操作 25 分钟，考核测试 5 分钟。

三、实训准备

实训场地准备：前厅实训室。

实训用品准备：预订单、预订变更单、预订取消单、电话、电脑等。

仪容仪表准备：与课人员身着职业装，女生化淡妆、盘发。

四、实训方法

由老师进行示范，然后 6 人一组，每人分别进行实际操作。

五、实训内容

1. 团队预订的更改

（1）原则上如果总台接到团队客人要求更改预订的信息时，可请客人直接联系营销部。

（2）团队预订的更改，由营销部负责与客人协商。

（3）在接到营销部关于团队会议更改信息时，接待员要进行签收。

（4）根据营销部更改通知修改电脑资料，并将更改情况通知部门领导。

（5）将营销部更改预订通知单与原预订单装订在一起存档。

（6）如是抵离店日期的更改，根据更改后的日期存放。

（7）如是总台接到客人要求更改团队预订的通知时，要根据客人提供的预订信息迅速在电脑中找到该预订，并与客人进行核对。

（8）详细记录客人的更改要求，查看能否满足客人。

（9）记录通知更改人的姓名和联系方式。

（10）将客人更改预订的信息通知营销部。

2．团队预订的取消

（1）接到营销部取消团队预订通知时，接待员要进行签收。

（2）迅速在电脑中将团队预订做取消处理。

（3）如是总台人员接到客人要求取消团队预订的通知时，要根据客人提供的预订信息迅速在电脑中找到该预订，并与客人进行核对。

（4）要记录通知取消人的姓名，并请客人留下联系方式。

（5）将客人取消预订信息通知营销部。

（6）在团队预订单上注明取消字样并留存。

子项目十一：团队接待入住实训

一、实训目的

通过对团队接待入住的实训学习，使学生掌握团队接待入住的服务技能。

二、实训时间

实训授课 1 学时，共计 45 分钟。其中，示范讲解 15 分钟，学员操作 25 分钟，考核测试 5 分钟。

三、实训准备

实训场地准备：前厅实训室。

实训用品准备：预订单、入住单、房卡、欢迎卡、电脑、早餐券等。

仪容仪表准备：与课人员身着职业装，女生化淡妆、盘发。

四、实训方法

由老师进行示范，然后 6 人一组，每人分别进行实际操作。

五、实训内容

（1）每天早班接待员详细阅读团队资料，并根据具体要求安排团队房间，准备好团队登记单、团队房卡。尽可能安排在同一层或相近楼层，如没有足够的房间，可安排当天离店的团队房间，但必须保证客房部有足够的时间打扫房间。

（2）如团队有特殊要求的（如关电话、撤酒水、送水果等），排好房后，打印报表，分送相关部门。

（3）视团队大小与销售部负责人确认团队办理入住的地点。

（4）在团队客人到店后首先与团队负责人确认团名，预订房型、房数等相关预订信息。

（5）确认无误后将房卡交于团队负责人，并请其在团队登记单上签字确认，接待员协助分发钥匙给团队客人，将最新的房号名单给礼宾部用来运送行李。

（6）再次与团队负责人确认房号及总数，在系统中将团队登记入住。

（7）从领队处取得团队名单，确认团队信息，得到团体签证以便登记，如果没有团体签证，就需逐个登记。

（8）填写团队入住信息表，包括每日叫早时间、下行李时间、每日早餐时间、离店时间、有效签单人等。

（9）在入住时与领队或陪同确认付款方式。

（10）将所有信息输入电脑，核查房价。

（11）团队进店时，要求临时增加房间，应由销售代表认可确定。增加陪同用房时，接待员要严格把关，并按有关规定办理。团队入住登记时，如要求减少房间，由销售部有关人员认可确定，接待员应及时把所减房号从电脑相关记录中调整出来。

子项目十二：VIP 客人接待入住实训

一、实训目的

通过对 VIP 客人接待入住的实训学习，使学生掌握 VIP 客人接待入住的服务技能。

二、实训时间

实训授课 1 学时，共计 45 分钟。其中，示范讲解 15 分钟，学员操作 25 分钟，考核测试 5 分钟。

三、实训准备

实训场地准备：前厅实训室。

实训用品准备：预订单、入住单、房卡、欢迎卡、电脑、早餐券等。

仪容仪表准备：与课人员身着职业装，女生化淡妆、盘发。

四、实训方法

由老师进行示范，然后 6 人一组，每人分别进行实际操作。

五、实训标准

（1）VIP 接待标准流程，如图 2-6 所示。

（2）VIP 入住登记标准流程，如图 2-7 所示。

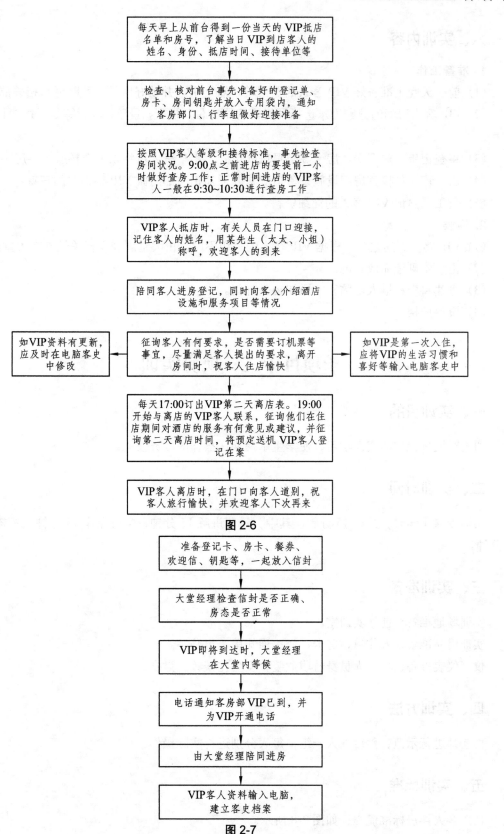

每天早上从前台得到一份当天的VIP抵店名单和房号，了解当日VIP到店客人的姓名、身份、抵店时间、接待单位等

检查、核对前台事先准备好的登记单、房卡、房间钥匙并放入专用袋内，通知客房部门、行李组做好迎接准备

按照VIP客人等级和接待标准，事先检查房间状况。9:00点之前进店的要提前一小时做好查房工作；正常时间进店的VIP客人一般在9:30~10:30进行查房工作

VIP客人抵店时，有关人员在门口迎接，记住客人的姓名，用某先生（太太、小姐）称呼，欢迎客人的到来

陪同客人进房登记，同时向客人介绍酒店设施和服务项目等情况

如VIP资料有更新，应及时在电脑客史中修改 ← 征询客人有何要求，是否需要订机票等事宜，尽量满足客人提出的要求，离开房间时，祝客人住店愉快 → 如VIP是第一次入住，应将VIP的生活习惯和喜好等输入电脑客史中

每天17:00订出VIP第二天离店表。19:00开始与离店的VIP客人联系，征询他们在住店期间对酒店的服务有何意见或建议，并征询第二天离店时间，将预定送机VIP客人登记在案

VIP客人离店时，在门口向客人道别，祝客人旅行愉快，并欢迎客人下次再来

图 2-6

准备登记卡、房卡、餐券、欢迎信、钥匙等，一起放入信封

大堂经理检查信封是否正确、房态是否正常

VIP即将到达时，大堂经理在大堂内等候

电话通知客房部VIP已到，并为VIP开通电话

由大堂经理陪同进房

VIP客人资料输入电脑，建立客史档案

图 2-7

六、实训内容

1. 准备工作

（1）前一天晚上准备好 VIP 客人的登记单、欢迎卡，并锁好房号，及时通知相关部门。

（2）VIP 客人房间的分配力求选择同类客房中方位、视野、景致、环境等处于最佳状态的空房。

（3）将登记单、欢迎卡、房卡等交早班人员处，由早班人员将以上资料放入客房中。

（4）由早班人员检查房间设施设备情况，并通知相关部门做 VIP 客人房间布置。

（5）员工需熟记 VIP 客人的详细资料。

2. 迎候

（1）VIP 客人到达之前，根据 VIP 客人的等级不同，由大堂副理及相关领导在大堂迎候。

（2）由大堂副理完成登记。

（3）迅速将资料输入电脑，并通知相关部门。

（4）资料归档。

子项目十三：换房实训

一、实训目的

通过对换房操作的实训学习，使学生掌握换房操作的服务技能。

二、实训时间

实训授课 1 学时，共计 45 分钟。其中，示范讲解 15 分钟，学员操作 25 分钟，考核测试 5 分钟。

三、实训准备

实训场地准备：前厅实训室。

实训用品准备：入住单、房卡、变更通知单、电脑等。

仪容仪表准备：与课人员身着职业装，女生化淡妆、盘发。

四、实训方法

由老师进行示范，然后 6 人一组，每人分别进行实际操作。

五、实训标准

住店客人换房标准流程，如图 2-8 所示。

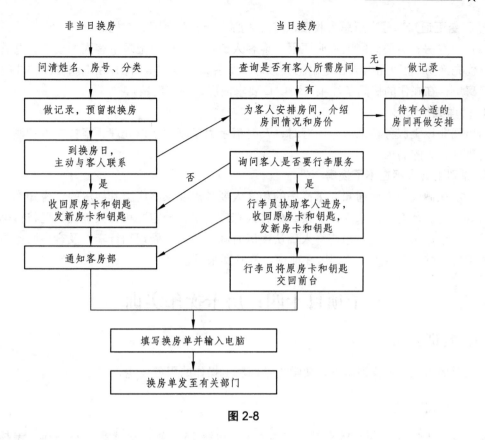

图 2-8

六、实训内容

1. 当客人至前台提出换房要求时，首先应了解客人换房的原因

（1）因酒店原因造成客人换房，因向客人做好解释工作，请求客人的谅解，必要时请大堂副理处理，如无同类房型可请示大堂副理予以升级，如客人需要，可先带客人参观一下将要换入的房间。不需要事先参观的，待客人换好房后电话问询一下客人对该房间是否满意。

（2）客人自己原因要求换房的，向客人说明酒店换房的相关规定，并按规定操作。

（3）通知收银开具收费单请客人签字确认后录入电脑。

2. 在电脑中查找是否有符合客人要求的空房

（1）有空房，需要帮助客人办理换房手续，填写变更通知单。

① 收回原房间的房卡，对已发早餐券的也要收回早餐券并做作废处理，重新发早餐券和制作新的房卡交于客人。

② 通知房务中心换房信息。

③ 如宾客行李较多，应联系行李员帮客人提取行李至新的房间，此时不必急于收回原房卡，等行李员帮客人把行李搬至新换房间后，由行李员带下来即可。

④ 及时修改电脑信息，尤其是要注意更换房型之后房价的变动。

⑤ 如客人对房间有特殊要求的，在客史中注明以便下次客人入住时可事先做好准备。

⑥ 如有房间保密等要求的应第一时间通知总机房。

⑦ 同时还需及时在公安传输系统中对该房进行换房处理。

⑧ 将变更通知单分发至总台收银、房务中心，一联总台留底存档。

（2）无空房，需要向客人说明原因，请客人谅解，同时应记录下客人的要求，并答应客人次日优先换房（也可帮客人在电脑上先预订一个客人想要的房间，并在电脑备注中注明是××房间换房用，在在住的房间备注中注明明日要求换房，预订已做）。

3. 处理其他情况

当出现非以上服务标准所含内容时，及时请示大堂副理予以处理，坚持在维护酒店利益的同时满足客人的需求。

4. 原则上客人不在不予换房

客人不在酒店但电话通知要求换房的和客人要外出要求酒店给其换房的，告知客人可帮其准备好房间，待客人回来立即更换。如客人态度坚决，一定要和客人确认其已将行李打包好，确认行李数量，并礼貌地与客人确认换房时间。由大堂副理和行李生及客房服务员一起帮客人换房，并告知客人新的钥匙在前台，等其回来后领取。

子项目十四：房卡操作实训

一、实训目的

通过对房卡操作的实训学习，使学生掌握房卡操作的服务技能。

二、实训时间

实训授课 1 学时，共计 45 分钟。其中，示范讲解 15 分钟，学员操作 25 分钟，考核测试 5 分钟。

三、实训准备

实训场地准备：前厅实训室。

实训用品准备：房卡、电脑、早餐券等。

仪容仪表准备：与课人员身着职业装，女生化淡妆、盘发。

四、实训方法

由老师进行示范，然后 6 人一组，每人分别进行实际操作。

五、实训内容

（1）接待员一日两次与总台收银进行房卡数目交接，时间分别定为 14：00 和 22：00，交接前先打印一份房卡特要报表，根据报表显示发放数量统计出当班房卡应收回数量，需与收银当班员进行签收（特别提醒：需注意挂 S 账，即房间已退但客账未清的房间，也在统计的范围内）。

（2）中班在统计应收回房卡数量时应减去早班已收回房卡的数量。

（3）如有客人遗失房卡的需请收银出示收费单，然后交当班领班或主管统一保管；

（4）如从收银处收回房卡数与应收数不一致，需请收银在钥匙交接记录本上注明欠几张。

（5）如收银归还欠的房卡时也需在钥匙交接记录本中注明，还×月×日所欠房卡几张，双方进行签字。

（6）打印的报表每班需统一进行存档。

（7）领班、主管定期对房卡的总数进行汇总。

子项目十五：钟点房入住接待实训

一、实训目的

通过对钟点房客人接待入住的实训学习，使学生掌握钟点房客人接待入住的服务技能。

二、实训时间

实训授课 1 学时，共计 45 分钟。其中，示范讲解 15 分钟，学员操作 25 分钟，考核测试 5 分钟。

三、实训准备

实训场地准备：前厅实训室。

实训用品准备：入住单、房卡、欢迎卡、电脑等。

仪容仪表准备：与课人员身着职业装，女生化淡妆、盘发。

四、实训方法

由老师进行示范，然后 6 人一组，每人分别进行实际操作。

五、实训内容

（1）按正常的散客接待程序接待客人。

（2）在为客人办理入住手续时需与客人确认一下当前的入住时间，并在登记单上注明，然后请客人在登记单的宾客签名处签字确认。

（3）钟点房的开房时间为 3 小时。

（4）钟点房不含早餐。

（5）注意欢迎卡的离店日期要写当天，输入电脑中的入住天数为"0"，并在电脑备注中写明"钟点房"字样。

子项目十六：凌晨房入住接待实训

一、实训目的

通过对凌晨房客人接待入住的实训学习，使学生掌握凌晨房客人接待入住的服务技能。

二、实训时间

实训授课 1 学时，共计 45 分钟。其中，示范讲解 15 分钟，学员操作 25 分钟，考核测试 5 分钟。

三、实训准备

实训场地准备：前厅实训室。

实训用品准备：入住单、房卡、欢迎卡、电脑、早餐券等。

仪容仪表准备：与课人员身着职业装，女生化淡妆、盘发。

四、实训方法

由老师进行示范，然后 6 人一组，每人分别进行实际操作。

五、实训内容

（1）规定以早上 6：00 为界。

（2）凌晨 2：00～6：00 之间入住的客人，原则上退房时间定为中午 12：00，如客人提出要求，要住至次日中午 12：00 退房，则收取一天半的房费。

（3）凌晨 6：00 后入住的客人，可至次日中午 12：00 退房，收取一天房费。

（4）在客人入住时需向客人说明酒店对凌晨房的相关规定。

（5）按正常的散客接待程序接待客人。

（6）根据客人的入住天数填写欢迎卡上的离店日期。如是当日离店的在夜审后将电脑中的入住天数改为"0"，欢迎卡的离店日期应为当日；如是要住至次日离店的，电脑中和欢迎卡上的离店日期都要是次日的日期。

子项目十七：加床操作实训

一、实训目的

通过对客人提出加床要求的操作实训学习，使学生掌握提供加床的服务技能。

二、实训时间

实训授课 1 学时，共计 45 分钟。其中，示范讲解 15 分钟，学员操作 25 分钟，考核测试 5 分钟。

三、实训准备

实训场地准备：前厅实训室。

实训用品准备：收费单、电脑等。

仪容仪表准备：与课人员身着职业装，女生化淡妆、盘发。

四、实训方法

由老师进行示范,然后 6 人一组,每人分别进行实际操作。

五、实训内容

(1) 接到客人加床要求时,首先向客人说明加床要收取费用,如 200 元/天/张(其中包含一份早餐)。

(2) 填写其他收费单,并请客人签字确认。

(3) 通知房务中心该房间加床(提醒房务中心房间内增放一份一次性用品)。

(4) 在电脑中做相应变更,将加床金额输入到电脑的附加信息中。

(5) 将其他收费单分送给服务中心、总台收银。

(6) 收费单一式三联,第一联白联交总台留底,第二联红联交总台收银,第三联绿联送房务中心。

子项目十八:房间保密实训

一、实训目的

通过对房间保密的实训学习,使学生掌握对客人保密房的服务操作技能。

二、实训时间

实训授课 1 学时,共计 45 分钟。其中,示范讲解 15 分钟,学员操作 25 分钟,考核测试 5 分钟。

三、实训准备

实训场地准备:前厅实训室。

实训用品准备:收费单、记事本、电脑等。

仪容仪表准备:与课人员身着职业装,女生化淡妆、盘发。

四、实训方法

由老师进行示范,然后 6 人一组,每人分别进行实际操作。

五、实训内容

(1) 对于客人要求房号保密的意愿,应予尊重。

(2) 问清客人保密范围,是否对所有来电、来访客人都要保密,还是只针对部分客人,并在备注中注明。

(3) 在电脑客人主单中选择保密状态。

（4）通知总机该房间保密及保密要求。

（5）遇查询电话或来访者时，应只为客人规定范围的查询者提供信息，否则要婉拒查询者。

① 如果客人是全保密（指所有来电、来访客人），则回答："对不起，您要找的客人电脑中暂时无法查到他的信息，他现在不在本酒店住，请您采取其他方式与客人联系一下。"

② 如果访客表示有急事，也只能说："那请您做个留言。如该客人入住，我们一定帮您转达，好吗？"然后通知住店客人，说明有留言，但我们没有将有关情况透露给访客，请他放心。

③ 如果是对部分保密的客人，则要问清来访者姓名，确认是否在客人要求保密的范围内，再做处理。

子项目十九：查询住客房号实训

一、实训目的

通过对查询住客房号的实训学习，使学生掌握查询住客房号的服务技能。

二、实训时间

实训授课 1 学时，共计 45 分钟。其中，示范讲解 15 分钟，学员操作 25 分钟，考核测试 5 分钟。

三、实训准备

实训场地准备：前厅实训室。

实训用品准备：记事本、电脑、电话等。

仪容仪表准备：与课人员身着职业装，女生化淡妆、盘发。

四、实训方法

由老师进行示范，然后 6 人一组，每人分别进行实际操作。

五、实训内容

（1）在电脑中按查询者提供的客人姓名，进行查找。

（2）一时查找不到客人房号时，决不能轻易回绝客人，可按其他方法继续查找。

① 查到房号打电话与客人联系。

其一，客人在房间说明有人找，征得客人同意后，将电话转给客人。

其二，客人不在房间，原则上不把房号告诉查询者，问清查询者是否需要留言。

② 未查到房号。

其一，向查询者表示歉意并说明已通过多种方法查找。

其二，如查询者要求，可请其留下电话号码，一旦查到后马上通知他。

其三，如查询者要求，可请其留言，一旦找到客人予以转交。

子项目二十：特殊房价处理实训

一、实训目的

通过对特殊房价的处理实训学习，使学生掌握特殊房价的处理服务技能。

二、实训时间

实训授课 1 学时，共计 45 分钟。其中，示范讲解 15 分钟，学员操作 25 分钟，考核测试 5 分钟。

三、实训准备

实训场地准备：前厅实训室。

实训用品准备：入住登记单、记事本、电脑、免费券、房卡、欢迎卡等。

仪容仪表准备：与课人员身着职业装，女生化淡妆、盘发。

四、实训方法

由老师进行示范，然后 6 人一组，每人分别进行实际操作。

五、实训内容

1. 免费房

（1）领导通知的免费房。

① 接到领导免费房的通知时，需问清所需房型、房数及免费的范围，仅房费免费，其他费用自理，还是所有消费都免费。

② 按正常散客接待程序操作。

③ 需请相关审批人在预订单或登记单上签字确认，前台做好把关，看审批人是否在权限范围内。

（2）持酒店发放的免费券入住的客人。

① 入住时需请客人出示免费券，查看券面有效期是否超过期限。

② 按正常的散客接待程序操作，此类免费房需向客人收取每间 300 元的押金。

③ 在免费券上注明房号，并在电脑备注中注明客人所使用免费券的券号。

④ 将免费券与登记单红联装订在一起交总台收银。

2. 自用房

（1）仅针对酒店内部领导用房，如值班经理房等。

（2）请领导在自用房登记本上签字即可，不需另填登记单，注明拿房日期、时间。

（3）前台接待员需清楚了解酒店领导的相关内部折扣权限，掌握酒店内部领导谁有权限拿自用房。

子项目二十一：早餐券发放实训

一、实训目的

通过对早餐券发放的实训学习，使学生掌握早餐券发放的服务技能。

二、实训时间

实训授课 1 学时，共计 45 分钟。其中，示范讲解 15 分钟，学员操作 25 分钟，考核测试 5 分钟。

三、实训准备

实训场地准备：前厅实训室。

实训用品准备：入住登记单、记事本、电脑、免费券、房卡、欢迎卡等。

仪容仪表准备：与课人员身着职业装，女生化淡妆、盘发。

四、实训方法

由老师进行示范，然后 6 人一组，每人分别进行实际操作。

五、实训内容

（1）酒店使用的早餐券分为橙色和紫色两种颜色，单日选择橙色发放，双日选择紫色发放。

（2）早餐券使用要求：必须加盖财务专用章，总台加盖日期章，填写房号（统一写在背面，和日期章在一起），发放时必须向客人介绍早餐用餐的时间和地点。

（3）早餐券上一律不能做涂改，如发现书写错误一律做作废处理，并在早餐券上加盖作废章。

（4）作废的早餐券需统一摆放，届时返回财务。

（5）早餐券统一由前厅领班以上人员向财务领取，并按要求登记张数、日期、领用人姓名。

（6）续住宾客由前厅部于 18：10 统计当前续住名单，并打印报表，盖日期章。将报表和早餐券由礼宾送到房务中心，建立续住餐券发放台账。

（7）房务中心向总台签字领取早餐券，交由各楼层小管家，由小管家在开夜床时放在客人床头柜上。

（8）总台每天 18：30 及次日 6：05 打印当前在住宾客列表，西餐厅在每日早 6：15 到总台拿当前在住宾客列表，核对两表重复及不同的内容。开餐后，凭表内名单及宾客早餐券是否有效给予用餐。

（9）对于向总台或房务中心索要早餐券的客人，总台或房务中心通知大堂副理，先了解情况后回复客人，对已发的客人解释一个房间只有两份免费早餐；如未发过餐券应及时补上；对于我们记录已发而客人表示未发，应向客人重申一个房间不能使用超过 2 份餐券的规定，如明早西餐厅已收到 2 份餐券，剩下的餐券将记入房账。

（10）对于 VIP 客人或酒店宴请的宾客要求补早餐的，应接受要求，通知客人先去餐厅用餐，并通知西餐厅，然后迅速向相关领导请示并补上餐券。

（11）为客人办理换房手续时，记得给客人补发新房间餐券，同时要收回旧房间餐券；为客人提供加床服务时，给客人增加餐券，总台内部做好交接，电脑作备注并通知服务中心和西餐厅。

（12）在发放早餐券操作中谨记一个房间不超过 2 张早餐券的规定（包括免费房）。

（13）自用房，正常情况下不发放早餐券，特殊情况请示领导。

子项目二十二：留言服务实训

一、实训目的

通过对留言服务的实训学习，使学生掌握留言服务的服务技能。

二、实训时间

实训授课 1 学时，共计 45 分钟。其中，示范讲解 15 分钟，学员操作 25 分钟，考核测试 5 分钟。

三、实训准备

实训场地准备：前厅实训室。

实训用品准备：留言簿、记事本、电脑等。

仪容仪表准备：与课人员身着职业装，女生化淡妆、盘发。

四、实训方法

由老师进行示范，然后 6 人一组，每人分别进行实际操作。

五、实训内容

1. 非住店客人给住店客人留言

（1）接到访客留言后，根据其提供的住客信息迅速在电脑中核对名字、房号是否相符。

（2）准确记录留言内容，请访客留下姓名和联系方式。

（3）复述留言内容，填写留言单（留言单上要求有留言的时间和总台经办人的签名），通知单交礼宾送入客人房间。

（4）如是将要抵店客人的留言，填写留言单后与预订单订在一起，并在电脑中做好备注，待客人入住时转告客人。

2. 住店客人要求留言

（1）客人暂时离开酒店或客房，想告知访客自己在何处，可以请客人填写留言单，留在接待处，同时确认客人回来的时间。如客人无法确认回来的时间，请客人回来后马上通知取消此留言服务，并告知客人此留言将会被转告给找他的客人。

（2）将留言内容输入电脑中做好备注，必要时还需要交班。

（3）通知总台所有员工和总机员工知晓。

（4）如有来访者，根据留言内容告知该客人去向。

（5）跟进，确认客人是否已回房间，如客人已回房间，则取消此项留言服务，如未回则继续跟进。

实训项目二：礼宾实训

子项目一：行李员、门童实训

一、实训目的

通过对行李员、门童的实训学习，使学生掌握行李员、门童的服务技能。

二、实训时间

实训授课 1 学时，共计 45 分钟。其中，示范讲解 15 分钟，学员操作 25 分钟，考核测试 5 分钟。

三、实训准备

实训场地准备：前厅实训室。

实训用品准备：出租车卡、酒店圆珠笔、行李车、电梯、行李牌等。

仪容仪表准备：与课人员身着职业装，女生化淡妆、盘发。

四、实训方法

由老师进行示范，然后 6 人一组，每人分别进行实际操作。

五、实训内容

（1）门童工作岗点位于正门外、旋转门内、两侧门及电梯口。

（2）在酒店正门外站岗的门童应当欢迎客人、帮客人开关车门、叫出租车、装卸行李并保持酒店主要通道外的整洁。

（3）门童应当站直，两手放在身后，手握出租车卡和酒店圆珠笔，在酒店通道外侧 45 度的方向站岗，以便可以同时关注进出的客人。当车辆/出租车到达时，门童/女门童快速记录出租车号，然后上前打开车门，同时欢迎客人："欢迎光临××酒店"，将出租车卡给客人，以便万一客人遗忘任何物品在出租车上时容易查找。

（4）对于任何酒店正门出来看似在找出租车的客人，门童/女门童都应主动询问客人："先生/女士，需要我帮您叫出租车吗？"

（5）当门童在酒店正门外站岗时，他/她有责任保持主要入口及通道处的清洁，如果有任何垃圾或不洁处，应清扫或立即通知清洁工。

（6）如果天下雨或雪，应当打伞为进出车辆的客人遮挡。

（7）门童应当在站岗时注意来酒店的客人，如发现任何精神病患者、衣冠不整者或送外卖者进入酒店都应阻止并通知保安或大堂经理处理。

（8）任何时候发现进出酒店客人拥挤时，门童/女门童应站在旋转门附近引导客人，以防客人推门或被门挤着。门童应保证一次不超过 10 人通过旋转门。

（9）在旋转门附近站岗的门童应注意拎着行李从客梯出来的客人，应当帮助客人或立即通知行李员领班。

（10）每天早晨，行李员应当站在客用电梯附近为离店的客人服务。当客人一出电梯，行李员应当立即向客人打招呼："先生/女士，早晨好！"如果客人有行李，行李员应立即上前帮助客人："先生/女士，我来帮您拿行李！"

子项目二：报刊和杂志的接收、分类和运送实训

一、实训目的

通过对报刊和杂志的接收、分类和运送的实训学习，确保学生能正确、高效地将报刊和杂志送给酒店的客人及各分部门。

二、实训时间

实训授课 1 学时，共计 45 分钟。其中，示范讲解 15 分钟，学员操作 25 分钟，考核测试 5 分钟。

三、实训准备

实训场地准备：前厅实训室。

实训用品准备：出租车卡、酒店圆珠笔、行李车、电梯等。

仪容仪表准备：与课人员身着职业装，女生化淡妆、盘发。

四、实训方法

由老师进行示范，然后 6 人一组，每人分别进行实际操作。

五、实训内容

（1）礼宾部柜台存有一份"报刊分发表"，该表由礼宾部随时更新。

（2）当行李员收到报刊、杂志时，行李员应当仔细点清份数并填写"报刊及杂志控制表"。

（3）收取。进口报刊和杂志应当由机场托运处每两天从机场送至酒店。国内和本地报刊、杂志，应当根据时间表从邮局收取。

（4）分类。当收到报刊和杂志后，根据已制订好的报刊、杂志分发表按照餐饮站点、行政办公室、商务中心、客房部及精品店等对其进行分类。

（5）传送。报刊、杂志必须在早晨送到所有相关部门，相关部门员工收到报刊、杂志后必须在报刊、杂志分发登记表上签收。行政办公室的文员在早晨取钥匙时将报纸、杂志一起取走。

（6）报刊、杂志控制表应当由礼宾部领班负责认真填写，并每天早晨送前厅经理审阅。

（7）如果未按时收到报刊、杂志，礼宾和行李员领班必须记录在工作日志上，然后联系

供应商，跟办相关工作并在每日例会上向前厅经理汇报。礼宾应负责每日查看报刊、杂志控制表并记录在每月月报。

子项目三：轮椅服务实训

一、实训目的

通过对轮椅服务的实训学习，使学生掌握为来酒店的残疾客人提供轮椅服务的技能。

二、实训时间

实训授课 1 学时，共计 45 分钟。其中，示范讲解 15 分钟，学员操作 25 分钟，考核测试 5 分钟。

三、实训准备

实训场地准备：前厅实训室。

实训用品准备：轮椅、电梯。

仪容仪表准备：与课人员身着职业装，女生化淡妆、盘发。

四、实训方法

由老师进行示范，然后 6 人一组，每人分别进行实际操作。

五、实训内容

（1）礼宾或早班的行李员领班要和接待一同检查每日预计到店客人的报告，并掌握到店的客人中是否有残疾人，或有客人要求提供轮椅服务。

（2）如有上述情形，按下列步骤采取行动。

（3）掌握客人姓名、房号、预计到店时间及航班号等。

（4）安排一个行李员带轮椅比客人预计到店时间早 10 分钟站在酒店大门通道处等候。

（5）当残疾客人到店时，行李员应帮助客人坐在轮椅上，并将轮椅通过残疾人通道推入酒店内。

（6）在推轮椅时速度适中，下坡时行李员将轮椅倒行，进电梯时应倒行进入，让客人面向电梯。

（7）宾客关系主任引领及护送客人与行李员一同到预先安排好的房间，并在客房内做登记入住手续。

（8）经前厅经理或副经理批准后，可以在残疾客人住店期间将轮椅借给客人使用。

（9）一般情况下，轮椅只供客人在酒店内使用。

（10）无论何时有残疾客人入店，或发生了任何事故有人需要使用轮椅时，礼宾部应可以随时提供此项服务。

（11）应保持轮椅的轮子有足够的气，并保证随时可以提供轮椅服务。行李员领班应当每日检查一次。

子项目四：散客行李入住实训

一、实训目的

通过对散客行李入住的实训学习，使学生掌握正确、高效地运送所有散客行李的服务技能。

二、实训时间

实训授课 1 学时，共计 45 分钟。其中，示范讲解 15 分钟，学员操作 25 分钟，考核测试 5 分钟。

三、实训准备

实训场地准备：前厅实训室。

实训用品准备：出租汽车、行李单、电梯、行李车、行李架、衣柜、行李牌、行李寄存本等。

仪容仪表准备：与课人员身着职业装，女生化淡妆、盘发。

四、实训方法

由老师进行示范，然后 6 人一组，每人分别进行实际操作。

五、实训标准

散客行李入住服务标准流程，如图 2-9 所示。

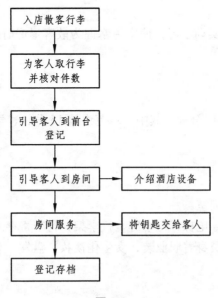

图 2-9

六、实训内容

（1）门童走近抵店的车辆，为客人打开车门并以标准问候语欢迎客人："早上好/下午好/晚上好，先生/女士，欢迎光临××酒店。"

（2）门童从车上卸下行李并通知行李员帮忙，和客人再次确认行李总的件数及行李的破损情况，记录出租车号。将行李全部卸下来放在合适的行李车上并挂好行李牌。

（3）行李员引领客人到接待台，当客人在做登记手续时，行李员持客人行李并站在客人身后一米处等候。

（4）完成登记手续后，行李员从接待员处拿好宾客入住房间的钥匙并通过客用电梯引领客人到房间（如果是贵宾，则由大堂副理或宾客关系主任负责引领客人去房间，行李员使用服务梯运送行李），并说："××先生/女士，这边请。"

（5）向客人指引电梯的方向并在进出电梯时请客人先行，利用每个机会向客人介绍酒店的设施及服务（利用电梯中的海报等）。

（6）在打开客人房门前，应按门铃并轻敲三下确保无人在房间。打开门，将钥匙插入取电槽，迅速地看一下房间并确保房间是空的干净房，然后把门开大请客人先进去。

（7）把行李放在行李架上并将衣袋挂入衣柜（行李也可放在客人要求的地方），但不要把行李车推进客房。

（8）和客人确认行李的件数。

（9）向客人解释房间中的设施，如需要，回答一些客人的提问。

（10）祝客人居住愉快，离开客人房间，并轻轻地关好门。

（11）使用员工梯返回大堂，填写完散客入住及离店登记表回到日常岗位。

子项目五：散客行李退房实训

一、实训目的

通过对散客行李退房的实训学习，使学生掌握为散客退房时提供快捷、高效的行李退房服务技能。

二、实训时间

实训授课 1 学时，共计 45 分钟。其中，示范讲解 15 分钟，学员操作 25 分钟，考核测试5 分钟。

三、实训准备

实训场地准备：前厅实训室。

实训用品准备：行李车、电梯、行李牌、行李架、行李寄存本等。

仪容仪表准备：与课人员身着职业装，女生化淡妆、盘发。

四、实训方法

由老师进行示范，然后 6 人一组，每人分别进行实际操作。

五、实训内容

（1）接到客人的退房要求后，行李生领班要指派一名行李生到客人房间帮助客人收拾行李。

（2）客人的房间号码、行李生的姓名及收拾行李的时间记录到行李服务记录本上。

（3）行李生在进入客人房间以前要敲门并用客人的姓名及有感情力的语言问候客人。

（4）检查客人的行李件数、离店时间及用车安排，并将这些信息告诉大堂。

（5）当客人需要将行李寄存较短或较长的时间时，必须给客人提供相关的服务。行李生要将行李放进库房并用一根绳子将其捆好。

（6）如果客人离店很仓促，行李生要向前台收银员要一张放行的便条，并检查客人的用车安排，比如是酒店的轿车、出租车还是私车。

（7）行李生将客人的行李卸进指定的交通工具并再次与客人检查行李的数量。使用有感情力的语言欢送客人，比如：感谢下榻、祝您旅途愉快、希望不久可以再见到你，等等。

（8）行李生要记下客人所乘的交通工具的牌号，目的是一旦客人遗漏东西在车上，或者出租车司机索价过高，或者客人有账未结，可以及时找到客人乘过的车。

（9）最后，行李生要将客人的具体的离店时间、所乘交通工具的牌号及行李的件数记录到行李服务记录本上。

子项目六：团队行李入住实训

一、实训目的

通过对团队行李入住的实训学习，使学生掌握正确、高效地运送所有团队客人行李的服务技能。

二、实训时间

实训授课 1 学时，共计 45 分钟。其中，示范讲解 15 分钟，学员操作 25 分钟，考核测试 5 分钟。

三、实训准备

实训场地准备：前厅实训室。

实训用品准备：出租汽车、行李单、电梯、行李车、行李架、衣柜、行李牌、行李寄存本等。

仪容仪表准备：与课人员身着职业装，女生化淡妆、盘发。

四、实训方法

由老师进行示范，然后 6 人一组，每人分别进行实际操作。

五、实训标准

团队行李入住服务标准流程，如图 2-10 所示。

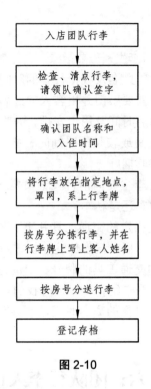

图 2-10

六、实训内容

（1）早班行李员领班根据前台发送的团队指令为当日到店的团队准备抵店团队资料。

（2）当团队客人的行李抵店时，行李员领班要和行李搬运工或司机确认团名及旅行社的名称。为了避免任何错误，核实上述信息非常重要，尤其在旅游旺季。

① 如果信息一致，在"团队入住记录表"上记录抵店时间、卸下的总行李件数和车号。

② 如果信息不一致，叫首席礼宾司或大堂副理仔细确认信息。确认时可通过核查团队指令及后附相关资料，或通知销售部的员工请他们帮助。

（3）行李员领班应检查团队行李以确认行李无任何损坏或未锁好的情况，请旅行社的行李运送人/司机签名，如有任何不正常的情况应当记录在记录表上（立即将行李牌挂在每个行李上）。

（4）所有的行李应当放于指定的地点，用链子拴在一起，为了安全，还应用行李网将行李全部网住。为了方便挑拣行李，所有行李牌应当牌面向外，若一大团中有几个小团应按行李颜色将其分开。为了容易区分，应用一张白纸记下团名、团号、国籍、件数及到店的时间，必须将这张纸粘在这堆行李上。不得将行李放在酒店外主要通道处过夜。

（5）如果接待已事先得到详细的分房单，行李员领班应当在团队到店之前根据分房单在每一个行李牌上标好房号并将行李送至房间。这种情况下，行李员领班应当通知客房部主管打开该团队成员的房间，并在客房部员工当证人的情况下将行李搬进客人房间。

（6）如果在团队抵店时才拿到详细的分房单，并且团体的房间分在两个楼层时，应当在拿到分房单后直接将行李送进客人房间。如果房间分配超过了两个楼层（三层或更多）或总行李件数超过 30 件，在将行李送上楼层前最好先在大厅里按楼层及房号将行李分捡好。

（7）应当使用 5 号服务梯以手动方式将行李尽快送到客房。如果客房行李非常多并且团队客人已经上了楼层，这种情形下，行李员可以使用客梯运送其余的行李。

（8）如果发现任何无法确认的行李，先拿到大厅并应尽快找领队帮忙。

（9）一般指定一个行李员运送 1~2 个楼层的行李，每个行李员应当在记录表上记录所运送的行件件数及房号。之后，所有行李员的记录都将记在"团队行李入住记录表"上，并且应计算出所有运送的行李件数和卸下的行李总件数做对比。

（10）团队行入住少于 15 间房，行李应当在 20 分钟内送入客人房间。团队房间入住多于 15 间少于 30 间，应在 40 分钟内将行李送入客人房间。当送完行李后，行李员领班应当请领队或导游在记录表上签字确认，最后将"团队退房登记表"附于"团队入住登记表"之上。

（11）在团队离店后，"团队入住登记表"应当存放于礼宾部的团队文档。

子项目七：团队行李离店实训

一、实训目的

通过对团队行李离店的实训学习，使学生掌握为团队客人离店时提供快捷、高效的行李离店服务技能。

二、实训时间

实训授课 1 学时，共计 45 分钟。其中，示范讲解 15 分钟，学员操作 25 分钟，考核测试 5 分钟。

三、实训准备

实训场地准备：前厅实训室。

实训用品准备：行李车、电梯、行李牌、行李架、行李寄存本等。

仪容仪表准备：与课人员身着职业装，女生化淡妆、盘发。

四、实训方法

由老师进行示范，然后 6 人一组，每人分别进行实际操作。

五、实训标准

团队离店行李服务标准流程，如图 2-11 所示。

六、实训内容

（1）领班应负责为次日离店的团队准备团队离店报告，并根据第二天团队离店的情况安排人力。

（2）早班行李员应当在 7：35 和接待核查要离店的团队的分房单，确认是否团队在店期间有任何换房改变。

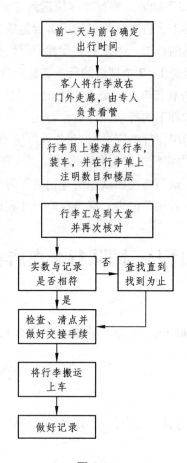

图 2-11

（3）行李员领班根据"团队离店记录表"和运送行李时间安排行李员收行李。

（4）行李员应当记下每个房间收取的行李件数，最后所有的信息将记录在"团队行李离店记录表"上。

（5）将行李取下来后小心、妥当地将行李存放在指定的地方，行李应用链子锁在一起并用行李网罩好。

（6）一个团队的行李应当堆放一起，然后用行李网罩好。用一张白纸，记录好团名、团号、国籍、总的行李件数、运送行李的时间还是寄存待下次返店，为了方便区分，应当将这张纸粘在这堆行李上。

（7）一般情况下，离店的行李数和到店的行李数应相同。

（8）当团队离店时，行李领班将请领队或导游在"团队行李离店登记表"上签字确认。

（9）在给旅行社团队运送行李之前，应和前厅收银确认所有账目已结清并在"团队行李退房记录表"上签字。

（10）在给旅行社交接行李前，要请旅行社的行李搬运者或司机在"团队行李退房记录表"上签字并记录车牌号码。

（11）将"团队行李退房记录"和分房单存档以供将来参考。

（12）如果有任何团队需在下次返店时再取行李，或要在比其他团队成员离店时晚一些再运走行李，行李员领班应当确认行李件数及运走时间，这些行李应当安全地放置于行李房内。如果行李房已放满，应将这些行李放在礼宾柜台对面的通道处。放在通道的行李必须用链子仔细地锁好，行李员应当经常检查这些行李，尤其在夜间。

（13）团队行李需赶时间托运而其房间账目又未结清的情况下，为了不耽误团队行李的托运时间，可请示大堂经理决定是否可先将行李放行。

子项目八：物品转交实训

一、实训目的

通过对物品转交的实训学习，使学生掌握物品转交的服务技能。

二、实训时间

实训授课 1 学时，共计 45 分钟。其中，示范讲解 15 分钟，学员操作 25 分钟，考核测试 5 分钟。

三、实训准备

实训场地准备：前厅实训室。

实训用品准备：保险箱、物品转交表等。

仪容仪表准备：与课人员身着职业装，女生化淡妆、盘发。

四、实训方法

由老师进行示范，然后 6 人一组，每人分别进行实际操作。

五、实训内容

（1）所有宾客转交物品的服务由礼宾部提供，并且转交的物品应当保存在礼宾部（贵重物品应存放在大堂经理保险箱中）。

（2）如发现任何物品有破损，应当和客人确认并做好记录。

（3）一般情况下，不接受客人存放贵重物品、危险品、食品或易碎品的要求，除非部门经理或大堂副理批准可以。

（4）礼宾部的员工应仔细地检查并确保行李中无任何贵重物品、食品、危险品或易碎品在内。

（5）行李应当锁好，绑在一起或用胶带封好。

（6）如客人需转交物品，必须填写一张"物品转交表"，并标清要转交给谁，转交的是什么物品，来取物品的时间，留物品的客人本人电话和地址等，提醒客人是否需要给收物品的人留言。物品应当放在行李房内指定地点。

（7）如果被转交的物品是给在店客人，行李员应打电话到该房间，无人接听则留言，提醒客人到礼宾部取物品。

（8）如果被转交的物品是给即将到店的客人，行李员领班应与接待合作，在客人登记入住时，将物品转交完毕。

（9）收物品的人必须出示身份证件，并在"转交物品表"上签名表示已收到物品。行李应当锁好，用绳子捆好或用胶带封好。

（10）如果转交的物品超过预计取走的日期仍无人来取，礼宾部将联系并通知留物品的客人来取回他要转交的物品；如果有接受物品人的电话号码，也可以联系客人取物。

（11）如果客人留的物品超过预计取走日期 30 天仍未来取，礼宾部主管应当报告前厅经理来处理无人认领的物品，对处理过程必须做好记录以备将来参考。

子项目九：行李寄存及认领实训

一、实训目的

通过对行李寄存及认领的实训学习，使学生掌握行李寄存及认领的服务技能。

二、实训时间

实训授课 1 学时，共计 45 分钟。其中，示范讲解 15 分钟，学员操作 25 分钟，考核测试 5 分钟。

三、实训准备

实训场地准备：前厅实训室。
实训用品准备：保险箱、行李箱、行李车、行李袋、行李牌、行李寄存本等。
仪容仪表准备：与课人员身着职业装，女生化淡妆、盘发。

四、实训方法

由老师进行示范，然后 6 人一组，每人分别进行实际操作。

五、实训内容

（1）所有有关行李寄存/认领的服务应当在礼宾部柜台由礼宾的员工处理，而且这种服务面向住店客人提供。

（2）当客人要求存放行李时，礼宾部员工应当提醒客人注意行李寄存的条款，细节印在行李牌背面（破损或丢失规定、处理规定等）。

（3）一般情况下，不接受客人存放贵重物品、危险品或易碎品的要求，除非部门经理或大堂副理批准可以存放。

（4）礼宾部员工必须填写行李寄存牌且发给客人。行李寄存牌上应填写以下信息：客人姓名、房号、寄存日期、行李件数及领回日期和时间。

（5）所有寄存的信息必须在"行李寄存本"上，并且要求请客人签名，经办的行李员也要在表上签名。

（6）行李寄存牌的下半部分应当给客人作为取回行李时的凭证。

（7）如果发现要寄存的行李有任何破损，一定要和客人确认并对破损情况做好记录。

（8）礼宾部员工应仔细地检查客人所要寄存的行李中无任何危险品、贵重物品、食品和易碎品在内。

（9）行李应当锁好，用绳子捆好或用胶带封好。

（10）当客人来取所寄存的行李时，要礼貌地请客人出示寄存牌。

（11）检查"行李寄存本"并据行李寄存牌上的房号和寄存的日期在行李房找到要取的行李。

（12）请客人收到行李后在"行李寄存本"上签名确认。

（13）礼宾司和行李员领班应当每班彻底地检查行李房。在"行李寄存本"上所做的记录应当和行李房内实际寄存的行李数一致。任何寄存期超过 30 日的行李，应当汇报前厅经理。任何超过取行李日期 3 个月的行李应当报酒店处理。

（14）任何未经授权许可的人员，包括行李员均不允许进入或在行李房逗留。行李房的钥匙由行李员领班保存并交接。在夜间，下午班的领班应当在下班前将行李房钥匙封好后交给总台。

（15）处理无人认领的行李时，必须经前厅经理同意且在现场，处理时应做记录以备将来给总台。

（16）行李房仅用于存放客人的行李和礼宾部的用具（如雨伞、轮椅等），未经事先批准，严禁将私人物品和其他部门的物品存放在行李房内。

（17）必须保持行李房的干净、整洁。每天都要打扫卫生，礼宾司应当每日检查，确保所有的物品摆放整齐。

实训项目三：商务中心实训

商务中心服务标准流程，如图 2-12 所示。

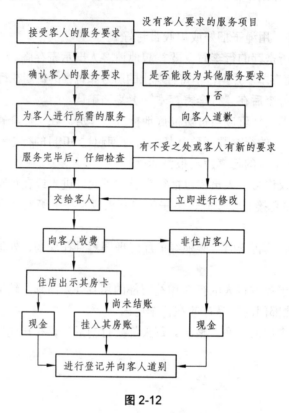

图 2-12

子项目一：复印服务实训

一、实训目的

通过对复印服务的实训学习，使学生掌握高效、专业的复印技能。

二、实训时间

实训授课 1 学时，共计 45 分钟。其中，示范讲解 15 分钟，学员操作 25 分钟，考核测试 5 分钟。

三、实训准备

实训场地准备：前厅实训室。

实训用品准备：复印机、复印纸、收费单、酒店圆珠笔等。

仪容仪表准备：与课人员身着职业装，女生化淡妆、盘发。

四、实训方法

由老师进行示范，然后 6 人一组，每人分别进行实际操作。

五、实训内容

（1）当接收到复印要求时，商务中心员工应该确认以下几点：客人使用/内部使用、房间号码、复印数量或份数、纸张大小/类型和设置类型。

（2）商务中心员工必须在为客人复印之前告诉客人复印价格，并准备"商务中心杂项收费凭单"，其中应记录日期、房间号、客人姓名、服务描述（复印）、纸张大小/类型和复印的数量。

（3）按照客人的要求复印，并且将原件交还客人。

（4）填写"商务中心杂项收费凭单"，其中包括以下几点：收费金额、服务费、附加费用、总计费用、员工签名、客人签名。

（5）如果客人是住店客人并且想要将费用入房账，核对酒店系统确认客人是否有签单权，礼貌地请客人在账单上签字，并请客人出示房卡，核对签名，迅速将费用入到客人房间账目。

（6）如果客人以现金支付，收取客人所支付的现金，将账单的每一页盖上"现金"的印章，并将第一联交给客人作为收据。

（7）如果客人用支票或信用卡付费：

① 酒店接受国外信用卡（维萨卡、万事达、美国运通卡、JCB 卡、大莱卡）和国内信用卡（长城卡、牡丹卡、龙卡，金穗卡和太平洋卡）。

② 对于以支票付费的，应声明酒店不接受个人支票，可以接受由酒店公司客人和会员给的银行支票。带领那些用信用卡和银行支票付费的客人到前台收银处由收银员处理账目。

（8）如果客人想要正式发票，商务中心文员可开"服务业发票"给客人，客人如需其他种类的发票，则带领客人或帮客人到前台收银处开取正式发票。

（9）在"商务中心每日控制表"上详细地将每笔收入都记录下来。

（10）通常商务中心只是为客人提供服务，但是，在紧急情况下（内部复印机故障），也可为酒店内部提供服务，服务应该由商务中心员工来操作完成，不允许其他人操作。

① 内部复印申请单上要有相关部门总监的签名。

② 部门的秘书/员工应该自己准备好纸张。

（11）内部复印应登记在"商务中心纸张控制表"上，申请单应该与"商务中心每日控制表"一起存档以便相关班次审核。

（12）每一个班次，商务中心员工都要检查复印机的复印数量并且在"商务中心复印控制表"上记录复印机数字包括上班时的数量、客用的数量、酒店使用的数量、浪费的数量和下班时的数量。

子项目二：收发传真服务实训

一、实训目的

通过对收发传真服务的实训学习，使学生掌握为客人收发传真的服务技能。

二、实训时间

实训授课 1 学时，共计 45 分钟。其中，示范讲解 15 分钟，学员操作 25 分钟，考核测试 5 分钟。

三、实训准备

实训场地准备：前厅实训室。

实训用品准备：传真机、传真纸、收费单、酒店圆珠笔等。

仪容仪表准备：与课人员身着职业装，女生化淡妆、盘发。

四、实训方法

由老师进行示范，然后 6 人一组，每人分别进行实际操作。

五、实训内容

（1）在发送传真之前，商务中心文员必须根据规定的价目表给客人报价，同时确认以下信息：客人的姓名及房间号码，完整的传真号（包括国家代码及地区代码），发送传真的页数及顺序。

（2）如果发传真时占线或无信号，礼貌地询问客人是否继续试拨打此号码，或试一下由客人提供的别的号码。如果线路有问题，应提醒客人，因为电信局要收酒店的此笔电话费，所以不论传真是否发送成功都得收取客人的电话费用，再向客人确认是否仍要继续试此号码或换一个传真号再发。

（3）传真应当及时的发送出去。然后，将"传送报告"和传真原件一起交给客人。

（4）根据下列信息填写"商务中心杂项收费凭单"：日期、客人姓名、房间号码（姓名及房间号码须通过酒店系统确认），服务种类（发传真），目的地、完整的传真号，发送传真的数量，发送的时长，收费金额、服务费、总金额，商务中心员工签名。

（5）如果客人是住店客人并且想要将费用入房账，核对酒店系统确认客人是否有签单权，礼貌地请求客人出示房卡并核对签名。

（6）如果客人以现金支付，应收取客人所支付的现金，将账单的每一页盖上"现金"的印章，并将第一联交给客人作为收据。

（7）如果客人用支票或信用卡付费：

① 酒店接受的国外信用卡有维萨卡、万事达、美国运通卡、JCB 卡、大莱卡等，国内信用卡有长城卡、牡丹卡、龙卡，金穗卡和其他有银联业务的卡。

② 对于以支票付费的，应声明酒店不接受个人支票，可以接受由酒店公司客人和会员给

的银行支票。

③带领用信用卡或银行支票付费的客人到前台收银处由收银员处理账目。

（8）如果客人想要正式发票，商务中心文员可开"服务业发票"给客人，客人如需其他种类的发票，则带领客人或帮客人到前台收银处开取正式发票。

（9）如果客人想留下传真等商务中心发过去后再来取或送至他的房间，商务中心员工应礼貌地请客人提前确定付款方式。

（10）将每笔收入详细、清楚地登记在"商务中心每日销售表"上。

（11）在晚上下班前，从传真机中打印出"传送报告"，并再次与"杂项收费单"和"酒店内部传真申请单"核对以控制发出去的传真。

（12）根据做账程序将"商务中心收费单"和"商务中心收入控制表"分类。

（13）内部公费传真应在行政办公室的传真机上发送。如果发生特殊情况（例如内部传真机出故障），商务中心可为内部提供公费传真服务，然而须事先提供有部门经理签字的"内部公费传真申请单"，并征得前厅经理的同意。发完传真后，商务中心员工应在传真申请单上记下所有详细的情况，例如时长、费用、员工签名，然后将此笔传真费用从行政传真账户转到行政电话账户里。"内部传真申请单"须和"商务中心杂项收费单"一同附在"商务中心每日控制表"后，交夜审做进一步审核。

子项目三：打字服务实训

一、实训目的

通过对打字服务的实训学习，使学生掌握为客人提供高效、专业的打字服务技能。

二、实训时间

实训授课 1 学时，共计 45 分钟。其中，示范讲解 15 分钟，学员操作 25 分钟，考核测试 5 分钟。

三、实训准备

实训场地准备：前厅实训室。

实训用品准备：打印机、电脑、收费单、酒店圆珠笔等。

仪容仪表准备：与课人员身着职业装，女生化淡妆、盘发。

四、实训方法

由老师进行示范，然后 6 人一组，每人分别进行实际操作。

五、实训内容

（1）在打字之前，商务中心的员工需根据价目表向客人报价。

（2）在客人同意价格后，商务中心的员工需同客人再次确认以下事项：客人的姓名、房间号码，需要打字的语言种类，字体及大小，格式或字体设置，预计完成的时间。

（3）商务中心的员工需浏览一遍整篇文件，并与客人确认文字及格式。

（4）给客人说明预计完成的时间。

（5）对非住店客人应请客人提前支付费用（完成后开票）。

（6）根据客人的要求尽快完成所打印的文件。

（7）在将打印出的原稿交给客人之前应仔细检查以避免错误的发生。

（8）所有打印的文件应在电脑上保存一周，以便客人有任何改动。以后的任何修改将按打印收取费用。如改动较大，应按打字费用收取。

（9）准备"商务中心杂项收费凭单"，并仔细地填写"商务中心每日收入控制表"。

（10）通知客人来校稿并取件。

（11）如果是住店客人并希望将费用记入房间账时，核对酒店系统确认客人是否有签单权，礼貌地请客人在账单上签字，并请客人出示房卡、核对签名、迅速将费用入到客人房间账目。

（12）如果客人以现金支付，收取客人所支付的现金，将账单的每一页盖上"现金"的印章，并将第一联交给客人作为收据。

（13）如果客人用支票或信用卡付账，处理方法与收发信息服务相同。

（14）如果客人想要正式发票，商务中心文员可开"服务业发票"给客人，客人如需其他种类的发票，则带领客人或帮客人到前台收银处开取正式发票。

（15）根据作账程序将"商务中心杂项收费凭单"及"商务中心收入控制表"分类存放。

子项目四：计算机文件管理实训

一、实训目的

通过对计算机文件管理的实训学习，使学生掌握商务中心计算机文件管理的技能。

二、实训时间

实训授课1学时，共计45分钟。其中，示范讲解15分钟，学员操作25分钟，考核测试5分钟。

三、实训准备

实训场地准备：前厅实训室。

实训用品准备：电脑。

仪容仪表准备：与课人员身着职业装，女生化淡妆、盘发。

四、实训方法

由老师进行示范，然后6人一组，每人分别进行实际操作。

五、实训内容

（1）在商务中心有两台计算机。一台是电话包间内供客人租用的，这台电脑是可上网的；另一台是接待台内供内部使用和给客人打印文件。

（2）存在商务中心计算机里的文档主要是两部分：客人的文档和内部文档。所有的文档存在驱动器 E 盘中。在商务中心电脑的驱动器 E 盘中分三个文件夹储存商务中心的文档，它们是"客人文件夹""内部文件夹"和"商务中心文件夹"。

（3）所有为客人做的文件和打印的表格应当存在"客人文件夹"中，标准名称是"日期—房间号（或 W/I）—文件"以便查找。例如，"0312—1818—合同"，此文件名代表在 3 月 12 日为住在 1818 房间的客人打印的文件，文件名为"合同"。

（4）所有客人的文件在商务中心保存 7 天。7 天后，商务中心的主管将删除这些过时的存件。

（5）所有为前厅各部门或管理层做的文件，应当存在"内部文件夹"中。此文件夹中应当根据实际需要包含一些子文件夹，例如前厅"经理文件夹""精品店文档"等。

（6）商务中心的文件夹中包括商务中心运作报表、检查表、月报等。商务中心的文件夹应包括一些子文件夹，例如"商务中心运作表格""商务中心文件"和"商务中心月报"。

（7）为了防止硬盘故障，应将重要的文件做备份，并定期整理驱动器 E 盘。

（8）所有由商务中心文员制作的文档应当记在工作日志上，并每班交接。

子项目五：留言、传真、邮件及包裹服务实训

一、实训目的

通过对留言、传真、邮件及包裹服务的实训学习，使学生掌握为客人提供留言、传真、邮件及包裹服务的技能。

二、实训时间

实训授课 1 学时，共计 45 分钟。其中，示范讲解 15 分钟，学员操作 25 分钟，考核测试 5 分钟。

三、实训准备

实训场地准备：前厅实训室。

实训用品准备：电脑。

仪容仪表准备：与课人员身着职业装，女生化淡妆、盘发。

四、实训方法

由老师进行示范，然后 6 人一组，每人分别进行实际操作。

五、实训内容

1. 留言

所有的留言必须立即打时并在 30 分钟内送至客房。如情况紧急，必须立即送留言，不得有任何延误。

2. 传真

如商务中心收到客人的传真，商务中心的员工应当通知行李员来商务中心取传真并签收。

（1）接收到住店客人的传真：给客人房间打电话并礼貌地通知客人到礼宾部柜台取传真或将传真送入房间。当客人来取传真时，礼貌地请客人在"礼宾部客人服务记录表"上签收。

（2）收到即将到店客人的传真：当收到预计到店客人的传真时，商务中心查询客人预计到店时间并在信封上打印出时间及客人的姓名，然后在客人到店那天将传真送到礼宾部。礼宾员工需通知接待员在客人的预订单上做记录。当客人到店时，接待员告诉客人，请客人到礼宾部取传真。传真必须由礼宾部保管。当客人来取传真时，礼貌地请客人在"礼宾部客人服务登记表"上签收。

3. 邮件及包裹

（1）当收到信件或包裹时，礼宾部员工应当记录收到物件的时间，并检查收件人是否是住店客人或是即将离店客人。

（2）如果是住店客人，给客人房间打电话，请客人来取物品，或由行李员送入客人房间。

（3）如客人不在房间，给客人留言，请他方便时下来取物品。

（4）如果是即将入住的客人，查找客人预计抵店日期，然后通知预订部/前台在预订单上注明有邮件/包裹在礼宾部，包裹必须存放在礼宾房内。当客人来取信件或包裹时，礼貌地请客人在"礼宾服务登记表"上签收。

另外应注意两点：

第一，所有递送的物件必须记录在"礼宾服务登记表"上。

第二，如果邮件收到后 7 天仍找不到收信人，该邮件将被返还给邮局。如果收到的包裹超过 7 天无人认领，则应通知前厅经理，由他决定如何处理。

子项目六：邮寄服务实训

一、实训目的

通过对邮寄服务的实训学习，使学生掌握邮寄服务的技能。

二、实训时间

实训授课 1 学时，共计 45 分钟。其中，示范讲解 15 分钟，学员操作 25 分钟，考核测试 5 分钟。

三、实训准备

实训场地准备：前厅实训室。

实训用品准备：邮票、信封、邮寄登记表等。

仪容仪表准备：与课人员身着职业装，女生化淡妆、盘发。

四、实训方法

由老师进行示范，然后 6 人一组，每人分别进行实际操作。

五、实训内容

（1）商务中心负责处理一般性的邮寄服务，并应通过邮局购入足够的邮票以备向需要用邮票的客人销售。快递递送服务应当由礼宾部负责帮客人办理。

（2）邮票和备用金（人民币 300 元）在每个班次上账应当相平。当交接班时，应当在彻底检查邮票和备用金后签名。

（3）任何时候都应备有充足的各种面值邮票。

（4）当有客人要求买邮票时，商务中心服务员应根据要寄出信件的尺寸、重量和目的地等情况确定正确的邮费。

（5）任何时候，为方便要寄信的客人，礼宾部应备有胶水。

（6）每日需要寄发的客人信件，行李员应在规定的时间前将信件交给前来送报的邮递员，除非有急件需尽快发送时例外。

（7）对于所有内部邮件，需发件的相关部门员工应当正确填写"内部邮寄申请单"并由相关的部门经理签字批准。

（8）员工应将需发的邮件与其部门经理已批准的申请单一起送至前厅商务中心。

（9）商务中心员工准备好"邮件/快件登记表"送交前厅经理签字并盖章，然后在"内部邮件控制表"上做好详细的登记。

（10）每月月末，酒店将根据登记表、控制表和邮局进行结算。

子项目七：清洁与保养维修实训

一、实训目的

通过对清洁与保养维修的实训学习，使学生掌握商务中心物品清洁与保养维修的技能。

二、实训时间

实训授课 1 学时，共计 45 分钟。其中，示范讲解 15 分钟，学员操作 25 分钟，考核测试 5 分钟。

三、实训准备

实训场地准备：前厅实训室。

实训用品准备：电脑、桌子、椅子、地毯、墙、电视屏、电话等。

仪容仪表准备：与课人员身着职业装，女生化淡妆、盘发。

四、实训方法

由老师进行示范，然后 6 人一组，每人分别进行实际操作。

五、实训内容

（1）因为商务中心代表着酒店形象和服务标准，因此对于专业化的商务中心来说，清洁是尤其重要的。

（2）商务中心的主要清洁工作由清洁工每日清扫两次，而商务中心的员工有责任检查并保持商务中心的清洁。

（3）每天早班的员工应根据检查表对商务中心设施及清洁做彻底地检查。所有的桌子、椅子、地毯、墙、电视屏、电话和计算机等必须干净、整洁。

（4）会议室的陈设必须符合标准。饮水机必须保持清洁。

（5）如有任何清洁上的问题，商务中心员工必须通知清洁工来清扫或自己清扫。

（6）清洁工应定期清洗墙纸、百叶窗窗帘和地毯。

（7）商务中心的所有设施在任何时候都必须确保性能良好。关注设施的状况是商务中心员工及主管的职责。

（8）每天必须根据检查表检查所有设备。如发现任何问题，应立即填写好工作单后送交前厅经理并汇报。

（9）商务中心员工应根据运作指南小心地操作设备。

（10）设备（如复印机）应由供应商定期保养，或请电脑房/工程部确保设备的最佳性能。

（11）对主要的设备要设立独立的文档，以便记录一些关于设备的详细情况，例如采购日期、型号、价格、合同及用户手册等。所有维修或更换配件必须填写"设备维修报告"并存档以供将来参考。

实训项目四： 大堂吧实训

子项目一：热饮服务实训

一、实训目的

通过对热饮服务的实训学习，使学生掌握热饮服务的技能。

二、实训时间

实训授课 1 学时，共计 45 分钟。其中，示范讲解 15 分钟，学员操作 25 分钟，考核测试 5 分钟。

三、实训准备

实训场地准备：前厅实训室。

实训用品准备：各种茶叶、各种咖啡、开水壶、茶杯、咖啡杯、杯垫、吸管等。

仪容仪表准备：与课人员身着职业装，女生化淡妆、盘发。

四、实训方法

由老师进行示范，然后 6 人一组，每人分别进行实际操作。

五、实训内容

1. 以咖啡为例

(1) 将咖啡杯置于咖啡出口正下方，按单杯咖啡键。

(2) 配咖啡碟、咖啡勺、餐巾纸、糖、热奶和曲奇饼干。

(3) 放在一托盘里，左手单手端托，微笑走到客人右侧，并提示客人（打扰一下），同时身子蹲下，单腿屈膝，半蹲式服务，把客人所点酒水放在客人正前方，然后起身，询问客人有无其他需要，若没有，礼貌地对客人说"请慢用"，然后离开。

2. 以茶为例

(1) 舀两餐勺茶叶于茶壶中，洗茶，注满水。

(2) 配壶垫、茶杯、茶杯垫和餐巾纸。

(3) 放在一托盘里，左手单手端托，微笑走到客人右侧，并提示客人（打扰一下），同时身子蹲下，单腿屈膝，半蹲式服务，把客人所点酒水放在客人正前方，然后起身，询问客人有无其他需要，若没有，礼貌地对客人说"请慢用"，然后离开。

子项目二：冷饮服务实训

一、实训目的

通过对冷饮服务的实训学习，使学生掌握冷饮服务的技能。

二、实训时间

实训授课 1 学时，共计 45 分钟。其中，示范讲解 15 分钟，学员操作 25 分钟，考核测试 5 分钟。

三、实训准备

实训场地准备：前厅实训室。

实训用品准备：各种矿泉水、各种饮料、各种果汁茶杯、水杯、杯垫、吸管等。

仪容仪表准备：与课人员身着职业装，女生化淡妆、盘发。

四、实训方法

由老师进行示范，然后 6 人一组，每人分别进行实际操作。

五、实训内容

1. 矿泉水类

（1）点单时询问客人需要冰镇的还是常温的饮料。

（2）配杯垫，把杯子、矿泉水放在一托盘里，左手单手端托，微笑走到客人右侧，并提示客人（打扰一下），同时身子蹲下，单腿屈膝，半蹲式服务，把杯垫、杯子放在客人面前，托盘放一边，切记当着客人面把水打开，给客人倒好，把盖子扣好，然后离开。

2. 碳酸饮料类

（1）点单时询问客人需要冰镇的还是常温的，是否需要加柠檬片或冰块。

（2）配杯垫、吸管，把吸管置于杯中，饮料放一托盘里，左手单手端托，微笑走到客人右侧，并提示客人（打扰一下），同时身子蹲下，单腿屈膝，半蹲式服务，把杯垫、杯子放在客人面前，托盘放一边，切记当着客人面把饮料打开，给客人倒好，请客人慢用，然后离开。

3. 果汁类

（1）点单时询问客人是否需要加冰块。

（2）配杯垫、吸管，把吸管置于杯中，在吧台内倒好果汁，如客人想要续杯，应把杯子收回，在吧台内给客人添加好再送给客人，切忌拿着果汁桶在客人面前添加。

（3）将倒好的饮料放一托盘里，左手单手端托，微笑走到客人右侧，并提示客人（打扰一下），同时身子蹲下，单腿屈膝，半蹲式服务，把客人所点果汁放在客人正前方，然后起身，询问客人有无其他需要，若没有，礼貌地对客人说"请慢用"，然后离开。

子项目三：洋酒服务实训

一、实训目的

通过对洋酒服务的实训学习，使学生掌握洋酒服务的技能。

二、实训时间

实训授课 1 学时，共计 45 分钟。其中，示范讲解 15 分钟，学员操作 25 分钟，考核测试 5 分钟。

三、实训准备

实训场地准备：前厅实训室。

实训用品准备：各种洋酒、酒杯、杯垫、托盘等。

仪容仪表准备：与课人员身着职业装，女生化淡妆、盘发。

四、实训方法

由老师进行示范，然后 6 人一组，每人分别进行实际操作。

五、实训内容

目前酒店的洋酒品种有开胃酒、雪利、波特、威士忌、白兰地、金酒、伏特加、朗姆、特基拉和餐后甜酒。这些酒的制作和服务过程基本相同，只是所用酒杯有所不同。

1. 以威士忌为例

（1）客人点单时询问客人需要 1OZ 还是 2OZ，（就洋酒而言，客人一般是一杯一杯的买，很少有客人买一瓶，除非是带到房间去，1OZ 等于 30 毫升），并且要询问客人是否需要加冰块。

（2）一般客人会站在吧台外面，当着客人面倒好酒，注意倒酒姿势及个人卫生。

（3）配杯垫，一小碟免费花生米，放在一托盘里，左手单手端托，微笑走到客人右侧，并提示客人（打扰一下），同时身子蹲下，单腿屈膝，半蹲式服务，把客人所点酒水放在客人正前方，起身，询问客人有无其他需要，若没有，礼貌地对客人说"请慢用"，然后离开。

2. 以干红为例

（1）确认客人所点红酒后，示瓶给客人，并在客人视线内把红酒打开。

（2）配杯垫，一小碟免费花生米，红酒杯，放在一托盘里，左手单手端托，微笑走到客人右侧，并提示客人（打扰一下），同时身子蹲下，单腿屈膝，半蹲式服务，把杯垫、红酒杯依次放在客人正前方。第一次给客人倒红酒，大约一口的量即可，让客人先品一下酒，之后每次倒杯子的三分之一，起身，询问客人有无其他需要，若没有，礼貌地对客人说"请慢用"，然后离开。

子项目四：鸡尾酒制作及服务实训

一、实训目的

通过对鸡尾酒制作及服务的实训学习，使学生掌握鸡尾酒制作及服务的技能。

二、实训时间

实训授课 1 学时，共计 45 分钟。其中，示范讲解 15 分钟，学员操作 25 分钟，考核测试 5 分钟。

三、实训准备

实训场地准备：前厅实训室。

实训用品准备：各种基酒、各种辅料、各种附加料、水杯、杯垫、吸管等。

仪容仪表准备：与课人员身着职业装，女生化淡妆、盘发。

四、实训方法

由老师进行示范，然后 6 人一组，每人分别进行实际操作。

五、实训内容

(1) 鸡尾酒的组成：基酒、辅料、附加料、调法、用杯、装饰物。

(2) 鸡尾酒调制的一般步骤：选择相应名称、形状、大小的酒杯，杯中放所需冰块，确定调酒方法及盛酒容器（调酒壶或酒杯），量入所需基酒，量入少量的辅助成分，调制，装饰，服务。

(3) 鸡尾酒调制方法：掺兑，搅拌，摇合，调和。

(4) 以红粉佳人为例：

① 确认客人所点酒水后，根据配方准备所需酒水。

② 按照上述步骤完成，鸡尾酒规定 1 分钟出酒。多数饮料不需加热而直接为客人服务，所以操作上每个环节都应严格按卫生要求和标准进行，动作明了、姿势优美，不能有不规范动作。

模块三

客房实训

实训项目一：中式铺床实训

一、实训目的

要求学生通过在模拟客房的中式铺床实训，熟练掌握中式铺床技巧。

二、实训时间

实训授课 4 学时，共计 180 分钟。其中，示范讲解 60 分钟，学员操作 100 分钟，考核测试 20 分钟。

三、实训准备

实训场地准备：客房实训室。

实训用品准备：一张床配置一套棉织品，包括床单 1 张、被芯 1 床、被套 1 床、枕套 2 只、枕芯 2 只。

仪容仪表准备：与课人员身着职业装，女生化淡妆、盘发。

四、实训方法

由老师进行示范，然后 6 人一组，每人分别进行实际操作。

五、实训标准

中式铺床工作流程，如图 3-1 所示。

（1）套枕头：枕套的四角饱满、平整、挺括，枕芯不外露。

（2）铺床单：甩单一次到位，毛边向下，床单的中心不偏离床的中心线。

（3）包角：四个角的式样与角度一致，包角后的床单平整。

（4）甩被套：被套反面朝外，被套的中线与被单的中线重叠，不偏离床头的中心线。

（5）甩被芯：被芯甩开，一次到位，被芯中线居中。

（6）套被套：被套一次套成，棉被一次甩成。被芯展开充分、完全，被套四角饱满。被套中心线位于床垫的中心线。棉被离床头部分 25 厘米。棉被开口朝向床尾，棉被尾部自然下垂。床面平整、挺括、美观。

（7）放枕头：枕头平放，位于床的中间。枕头重叠，开口朝下，距离床头 5 厘米。两个枕头开口位置相同，开口处与中间床头柜方向相反。

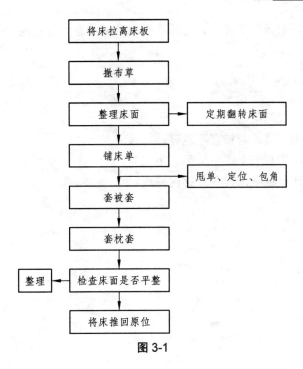

图 3-1

六、实训内容

（1）拉床：为了操作方便，将床拉出约 60 厘米。

注意：床垫的翻转，贴上标签（每周头尾调换一次，每月上下翻转一次）。使床垫受力均匀，床垫与床座保持一致。

（2）铺单：

① 将折叠的床单正面向上，两手将床单打开。利用空气浮力定位，使床单的中线不偏离床垫的中心线，两头垂下部分相等。

② 包边包角时注意方向一致、角度相等、紧密、不露巾角。

（3）套被套：

① 将被芯平铺在床上。

② 将被套外翻，把里层翻出。

③ 使被套里层的床头部分与被芯的床头部分固定。

④ 两手伸进被套里，紧握住被芯床头部分的两角，向内翻转，用力抖动，使被芯完全展开，被套四角饱满。

⑤ 将被套开口处封好。

⑥ 调整棉被位置，使棉被床头部分与床垫床头部分齐平，棉被的中线位于床垫的中心线。

⑦ 将棉被床头部分翻折 25 厘米。注意：使整个床面平整、挺括、美观。

（4）套枕套：

① 将枕芯装入枕套，使枕套四角饱满，外形平整。

② 两只枕头并列斜靠在床头板上的中间，与床成 45° 斜角。注意：枕头的开口方向不能朝向房门。

（5）推床：将铺好的床向前推进，与床头板吻合。注意：检查铺床的整体效果。

七、注意事项

（1）不能跪床、压床。

（2）铺床时，人不能跑动。

（3）套被套过程中，被芯与被套不能碰地。

（4）操作轻松，潇洒有节奏，不忙乱，不重复。

（5）整个中式铺床过程必须在 3 分钟内完成。

实训项目二：西式铺床实训

一、实训目的

要求学生通过在模拟客房的西式铺床实训，熟练掌握西式铺床的操作技巧，在 4 分钟内能采用西式铺床方法铺好一张床。

二、实训时间

实训授课 4 学时，共计 180 分钟。其中，示范讲解 60 分钟，学员操作 100 分钟，考核测试 20 分钟。

三、实训准备

实训场地准备：客房实训室。

实训用品准备：西式床一张、棉床垫一张、床罩一条、床单两条、枕袋两条、枕芯两个、毛毯一条。

仪容仪表准备：与课人员身着职业装，女生化淡妆、盘发。

四、实训方法

由老师进行示范，然后 6 人一组，每人分别进行实际操作。

五、实训流程

西式铺床标准流程，如图 3-2 所示。

六、实训内容

1. 拉床

（1）站在床尾 30 厘米处，两脚前后交叉一足距离，屈膝下蹲重心前倾，用双手握紧床尾部，将床屉连同床垫慢慢拉出。

（2）最后使床身离开床头板 50 厘米。

2. 摆正床垫

（1）将床垫与床边角对齐。

（2）根据床垫四边所标明的月份字样，将床垫定期翻转，使其受力均匀平衡。

3. 整理棉褥

用手把棉褥理顺拉平，发现污损棉褥要及时更换。

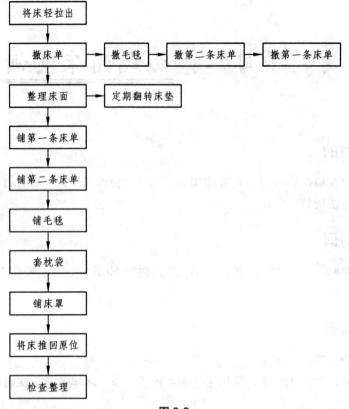

图 3-2

4. 铺第一条床单

（1）甩单：站在床尾中间位置（或床的一侧居中位置）折叠的床单正面朝上，纵向打开，两手分开，用拇指和食指捏住第一层，其他三指托住后三层，将床单朝前方抖开，使床单头部抛向床头。

（2）甩单要使床单中线居中，向两侧的对折线与床垫边沿同等距离。

（3）定位：甩单的同时要对准方向和距离，有褶皱的卷边要稍加整理，定位前可将床单的头部先包进。

（4）包角：掀起床垫尾部将床单塞入夹缝，右手将左面垂下的床单捏起呈 45°角，左手将角部的床单向内推入，然后右手放下床单折成直角，左手将垂下的床单全部塞入夹缝，按对称手法将其他角依次包好。

5. 铺第二条床单

（1）甩单方法同前。

（2）甩单后使用床单中线居中，中折线与第一床单对称，三面均匀。

（3）床单头部与床头板对齐。

6. 铺毛毯

（1）手持毛毯尾部，将毛毯前部抛向床头，轻轻后提毛毯，至毛毯前部与床头相距 35 厘米处放下毛毯。

（2）毛毯平铺且商标朝外在床尾下方，毛毯中线与床单中线对齐。

（3）包角：用双手将毛毯尾部连同第二条床单下垂部分填入床屉和床垫的夹缝中，床尾两角包成直角。

（4）包边：将第二条床单由床头部向上反卷包住毛毯头，将床两侧垂下毛毯同第二条床单一起填入床屉与床垫的夹缝。

7. 套枕袋

（1）把枕芯横放在床面上，左手抖开枕袋平铺床上，张开袋口，用右手捉住枕芯的两个前角，从枕袋开口处送入直至袋端，然后将枕芯两角推至枕袋两角端部。

（2）用两手提起枕袋口轻轻抖动，使枕芯自动滑入，装好的枕芯要使枕袋四角充实平齐。

8. 放置枕头

（1）将套好的枕头放置在床的正中，单人床（房间一张床）将枕袋口反向于床头柜，两个枕头各保持 20 厘米厚度重叠摆放，离床头 1 厘米。

（2）双人床放枕头时，将四个枕头两个一组重叠，枕袋口方向相对，当房间有两张单人床时，也要将两床枕袋口反向于床头柜，摆放枕头要求一致。

（3）枕头放好后要进行整形，轻推枕面，使四角饱满挺实，注意不要在枕面上留下手痕。

9. 铺床罩

（1）把折好的床罩放在床中央横向打开。

（2）双手把床罩尾部拉至床尾下离地面 5 厘米处（扣准床尾两角），将床罩头部抛向床头，使床罩平铺床上。

（3）抛床罩时注意以腿顶住垂下的床罩，床罩下摆不要着地；站在床头位置将床罩置于枕头上，下垂 10 厘米，将床罩下部均匀填入上下枕头缝之中。

（4）整理床罩头部，使处于枕头上的床罩平整，两侧呈流线型自然由枕头边垂至床侧，处于上下枕头夹缝中的床罩自然向两侧铺呈流线型至端处。

10. 将床推回原位

（1）把床身缓缓推回原位置。

（2）最后再将铺完的床查看一次，对不够整齐、造型不够美观的床面，尤其是床头部分，用手稍加整理。

实训项目三：走客房的清扫实训

一、实训目的

要求学生通过对模拟客房卧室部分的实际清扫，熟练掌握走客房的日常卫生工作方法。

二、实训时间

实训授课 2 学时，共计 90 分钟。其中，示范讲解 30 分钟，学员操作 50 分钟，考核测试 10 分钟。

三、实训准备

实训场地准备：模拟客房。

实训用品准备：房务工作车（布草车）一辆、吸尘器一台、布草若干、房间用品若干、清洁用具若干。

仪容仪表准备：与课人员身着职业装，女生化淡妆、盘发。

四、实训方法

由老师进行示范，然后 6 人一组，每人分别进行实际操作。

五、实训标准

清扫客房工作标准流程，如图 3-3 所示。

六、实训内容

掌握卧室清扫程序的十个主要步骤：开、冲、撤、做、擦、查、添、吸、关（观）、登。

1. 准备工作

（1）检查工作车上客用品是否齐全。

（2）将工作车靠墙放置，不要离门太近，以免妨碍他人。

2. 进入房间

（1）按门铃、敲门：首先检查一下房门是否挂着"请勿打扰"牌或上"双锁"；轻轻敲三下门，声音不要太大，以使客人听到为标准，同时报明自己的身份；在门外等候 10 秒钟，倾听房内动静，如无反应，可以重复以上程序两遍。

（2）开门：在确认房内无动静后，使用钥匙将门轻轻打开 2～3 寸报明自己的身份，询问后方可入内；如果客人在房内，要等客人开门后或经客人同意后方可进入，并向客人问候，询问客人"是否可以打扫房间"。

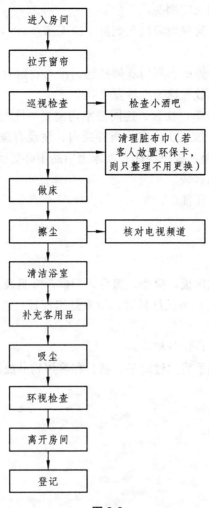

图 3-3

3. 开窗户

（1）拉开窗帘。

（2）打开窗户。

4. 巡视检查

（1）打开所有照明灯具，检查是否完好有效。

（2）检查和调节空调到适当温度。

（3）巡视门、窗、窗帘、墙面、天花板、地毯、电视、电话及各种家具是否完好，如有损伤，及时报告领班报修，并在"客房清洁报表"设备状况栏内做好记录；

（4）检查是否有遗留物品，若有发现，应立即上报并做好记录。

5. 检查小酒吧

（1）发现已消费的酒水，填写酒水单，在下班时递送前台收银并报告领班。

（2）随手将小酒吧冰箱清洁干净。

6. 清洁垃圾

（1）将房内垃圾桶和烟缸内的垃圾拿出倒掉前，应检查一下垃圾桶内是否有文件或有价值的物品，烟缸内是否有未熄灭的烟头。

(2) 清洁垃圾桶和烟缸，确保垃圾桶和烟缸干净无污迹。

7. 清理脏布件

(1) 将客人放在床、椅等处的衣服用衣架挂起，吊入衣橱内。

(2) 把床上的床罩、毛毯放在椅子或沙发上。

(3) 换下床上的床单、被单、枕套，连同浴室内需要更换的四套巾（浴巾、面巾、小方巾、足巾）一起，分类点清并放入工作车的布件袋内，发现有破损的布件和毛巾，分开存放（若客人放置了环保卡，则床单、被单、枕套等床上用品不必更换）。

(4) 同时取出有客衣的洗衣袋。

(5) 从工作车带进干净的布件。

8. 铺床

见中、西式铺床实训项目。

9. 擦尘

(1) 按顺序使用抹布擦拭床板、椅子、窗台、门框、灯具及桌面，达到清洁无异物。

(2) 使用消毒剂擦拭电话；擦拭灯具时，检查灯泡瓦数是否符合标准，有无损坏，如有损坏应立即报修更换。

(3) 保证所有房内的家具、设备整洁。

(4) 擦拭各种物件后，随手将用过的茶、酒具和客用物品放到工作车上。

10. 核对电视频道

(1) 核对和检查电视频道。

(2) 检查多功能柜的功能。

11. 清洁浴室

见清洁浴室实训项目。

12. 补足客用物品

按照规定的数量补足客用物品。

13. 关窗户

(1) 关窗户。

(2) 检查整理好窗帘。

14. 吸尘

(1) 用吸尘器从里往外，顺方向吸净地毯灰尘。

(2) 不要忽略床、桌、椅下和四周边角，并注意不要碰伤墙面及房内设备。

(3) 及时准确地用清洁剂清除地毯污渍。

15. 环视检查房间整体

检查整个房间是否打扫整洁、物品摆置是否到位。

16. 离开房间

(1) 将清洁用品放回车内。

(2) 擦拭门把手，关灯，并对大门做安全检查。

17. 登记

登记做房时间。

七、注意事项

（1）清扫的基本方法：从上到下；从里到外；环形整理；干湿分开；先卧室后卫生间；注意墙角。

（2）清理烟灰缸时，要注意不要有未熄灭的烟头。

（3）清理纸篓时，如发现有电池、刮胡刀片或碎玻璃片等锐利废弃物，应及时单独处理。

（4）撤床单时，要抖动几次，确认里面无衣物或其他物品。

（5）擦拭台灯和镜灯时，切勿用湿布抹尘。

实训项目四： 其他房的清洁实训

一、实训目的

要求学生通过在模拟客房的实训，熟练掌握 OK（清扫完毕可重新出租）、OC（续住）、OOO（维修）房态客房的清洁以及做夜床的方法。

二、实训时间

实训授课 2 学时，共计 90 分钟。其中，示范讲解 30 分钟，学员操作 50 分钟，考核测试 10 分钟。

三、实训准备

实训场地准备：模拟客房。

实训用品准备：房务工作车（布草车）一辆、吸尘器一台、布草若干、房间用品若干、清洁用具若干。

仪容仪表准备：与课人员身着职业装，女生化淡妆、盘发。

四、实训方法

由老师进行示范，然后 6 人一组，每人分别进行实际操作。

五、实训标准

卧室清扫工作流程，如图 3-4 所示。

六、实训内容

1. OK 房

（1）入房步骤同实训项目三。

（2）边抹尘边检查，检查棉织品有无破损，床上用品是否受潮，电器、灯具是否能正常开关，客用品是否齐全和有无移动等，发现问题应及时更换、清扫或报房务中心（如连续两三天空着，要地面吸尘）。

（3）抹去卫生间浮尘，同时检查毛巾是否干燥、柔软而富有弹性，如不符要求，应立即更换。再检查卫生间马桶能否抽水，冷、热水龙头是否正常，发现有工程问题，应立刻报修。

2. OC 房

（1）入房工作步骤同前。

（2）客人挂了"请清洁房间"牌的需立即安排清洁。

（3）客人在房，清洁房间需征得客人同意才可清洁，而且动作要轻，尽量少影响客人。

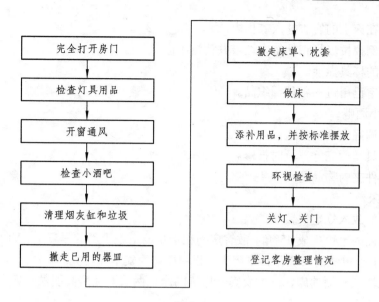

图 3-4

（4）客人挂了"请勿打扰"牌时，服务员需经常留意此牌有无除下，如除下应及时清扫，若下午3：00仍未除下，应采取以下措施：

① 立即报告房务中心和上级，请房务中心致电该房，征求客人意见什么时间做房较方便。

② 如无人接听电话，可征得上级和大堂经理的意见清洁房间。

3. OOO 房

（1）应将家具物件放好，如大工程应搬离现场，用报废床单铺盖好所有物件，将可以拆下设施拆下，包好放置。

（2）应留意工程的进度、房间的状况与周围客人的反映，及时将情况报告上级和房务中心。

（3）应撤掉盖布到后台区域抖干净，送洗，用吸尘机吸干净地面，恢复摆设，抹尘，检查设施设备，完成后报知房务中心。

4. 开夜床

（1）准备工作：

① 检查工作车上的客用易耗品及工具是否安全。

② 准备好各类表格及 VIP 客人特殊用品。

（2）进入房间：

① 按进房程序进房，填写进房时间。

② 如挂有"请勿打扰"，将"服务通知单"由门下塞入，并在表上登记。

③ 如客人在房间，征得客人同意后方可进房。

④ 如客人不需要服务，要做好记录。

（3）开灯：

打开地灯、卫生间灯、壁灯、床头灯。

（4）拉窗帘：

将白纱帘、遮光帘均拉严至窗户居中位置。

（5）清理杂物：

① 将散放在床上的客衣挂入衣柜内。

② 检查后倒掉垃圾桶和烟缸内垃圾并清洁干净。

③ 将用过的杯具撤换。

④ 撤掉浴室已用过的各种棉织品。

（6）检查小酒吧：

① 检查、调好电视机频道。

② 各种灯具是否完好，及时报修。

③ 检查文件夹内物品是否齐备。

（7）开夜床：

① 床罩叠好放入规定位置。

② 翻开一侧的毛毯折成45°角；散客房间在折角的毛毯上斜放早餐卡；VIP房间在早餐牌上加放一支玻璃纸包装的玫瑰花；在床头柜正中摆好晚安卡和巧克力。

③ 一位男宾开外侧的床，一位女宾开里侧的床；两人同性房间要顺开床；两人异性房间要对开床。

（8）整理浴室：

① 清洁客人用过的浴缸、面盆、马桶、镜面。

② 将浴帘拉至浴缸一半，把脚垫巾铺在靠浴缸的地面上。

③ 更换浴室内客人用过的"四套巾"。

④ 关上浴室门，将门虚掩。

（9）离开房间：

① 保留浴室灯、壁灯、床头灯、地灯。

② 轻轻将门关上。

③ 填写出房时间。

七、注意事项

（1）每天要将浴缸和脸盆的冷热水及马桶的水放流1～2分钟。如果房间连续几天为空房，则要用吸尘器吸尘一次。

（2）清扫OK房时，若预计当天会有客人入住，将冷热水瓶装好水，调好开关，做好清扫工作，仔细检查后关上房门。

（3）是否进行夜床服务，应根据饭店的档次和经营成本而定。具体的夜床服务中，应了解客人的风俗习惯后加以调整和增减。

实训项目五：清洁卫生间实训

一、实训目的

要求学生通过在模拟客房卫生间部分的清洁实训，熟练掌握清洁卫生间的方法和部分消毒清洁药水的使用。

二、实训时间

实训授课 2 学时，共计 90 分钟。其中，示范讲解 30 分钟，学员操作 50 分钟，考核测试 10 分钟。

三、实训准备

实训场地准备：模拟客房。

实训用品准备：手套两对、抹布四块、小垫毯一块、清洁篮一个、百洁刷若干个、消毒清洁药水若干。

仪容仪表准备：与课人员身着职业装，女生化淡妆、盘发。

四、实训方法

由老师进行示范，然后 6 人一组，每人分别进行实际操作。

五、实训内容

掌握卫生间清扫程序的十个步骤：开、冲、收、洗、擦、消、添、刷、吸、关（观）。

1. 准备

带好清洁用具。

2. 进卫生间

进卫生间时要携带清洁篮和小垫毯，先把小垫毯放在卫生间门口，防止将卫生间的水带入卧室和损坏房间地毯。把清洁篮放在云石台面靠门口的一侧。

3. 撤卫生间物品

（1）把客人用过的"四巾"一条条打开检查是否夹带有其他物品，然后堆放在一起，接着将客人用过的香皂、浴液、洗发液分类放在清洁篮内，用过的牙具等杂物放在垃圾桶内，然后把垃圾桶内的垃圾卷起。

（2）可以利用的物品，如肥皂头等集中放在工具箱内。

4. 清洁面盆和浴缸

（1）清洗卫生间墙壁。戴上清洁面盆、浴缸的专用手套后，用百洁刷刷洗云石台上三格瓷砖墙壁后用水冲干净。

（2）清洗云石台面。用百洁刷刷云石台面一遍后用水冲干净。

（3）清洁面盆。用百洁刷刷洗一次面盆和水龙头后用水冲干净。

（4）清洗浴缸。用百洁刷刷洗浴缸上方三格瓷砖和浴缸内外，开启浴缸塞，放走污水，然后打开喷头，让水射向墙壁及浴缸，冲净污水。这时可将浴帘放入浴缸加以清洁。

（5）用布擦干面盆、浴缸。用两块抹布，依次按面盆、云石台面、墙、镜面、浴缸、浴缸上方墙、面巾架、浴帘杆、浴帘的顺序擦干净。注意区分其中的一块抹布，是专用来抹金属器皿和镜面的。

5. 清洁镜面

（1）将玻璃清洁剂喷在干净抹布上。

（2）用干净抹布从上至下擦净。

6. 清洁电镀制品

（1）用干布将其表面擦净。

（2）必要时可用抛光剂进行擦拭。

7. 清洁马桶

（1）换上另一对专门洗马桶的专用手套。

（2）用一块专用百洁布刷洗马桶水箱、马桶盖板正反面、马桶坐板正反面、马桶座底，最后放水冲洗干净。

（3）用另一个马桶刷刷洗马桶内壁，并放水冲洗干净。

（4）用马桶专用抹布依次按马桶坐板正反面、马桶盖板正反面、马桶水箱、马桶底部的顺序擦干净。

8. 消毒"三缸"

用消毒水喷洒"三缸"，依次按面盆、浴缸、马桶内壁、马桶座板顺序消毒，然后盖上马桶盖板。

9. 清洁排风口

开启排风口，擦净。

10. 冲地漏

用清水将卫生间地漏冲洗干净。注意：要慢慢倒水，不要太快，以免把整个地板弄湿，每次至少冲两桶水。

11. 抹地面

用地板专用抹布将卫生间地板抹干净。注意边角位置的清洁。

12. 补足客用品

按规定补足客用品：巾类、浴液、牙具、浴帽、卷纸、杯具、垃圾袋。按要求摆放好。

六、注意事项

（1）清洁卫生间时必须注意不同项目使用不同的清洁工具和清洁剂，绝不能一张抹布抹到底。

（2）卫生间的清洁卫生一定要做到：整洁、干燥、无异味、无毛发、无污迹、无皂迹和无水迹。

（3）对于浴缸的旋塞，必要时可以取出来清洁。清洁时，需彻底冲洗滤网。重新安上旋塞时，要拧紧。清洁面盆活塞也如此做。

（4）可在卫生间金属部件上涂上一层薄蜡，以免脏水溅污而产生锈斑。

（5）清理卫生间必须配备合适的清洁工具和清洁用品。要了解如何使用清洁剂和消毒剂，以便有效地进行清洁工作。

实训项目六： 送餐服务实训

一、实训目的

要求学生通过送餐服务实训，熟练掌握客房用餐时所需要具备的送餐服务技能。

二、实训时间

实训授课 1 学时，共计 45 分钟。其中，示范讲解 10 分钟，学员操作 30 分钟，考核测试 5 分钟。

三、实训准备

实训场地准备：模拟客房。

实训用品准备：餐车、电话、餐具若干、酒水若干、饮料若干等。

仪容仪表准备：与课人员身着职业装，女生化淡妆、盘发。

四、实训方法

由老师进行示范，然后 6 人一组，每人分别进行实际操作。

五、实训知识

大型的旅馆其房内餐饮服务的内容与项目较多，有饮料、早餐、正餐等，现将各项介绍如下。

1. 饮料方面

（1）普通冷饮料：如咖啡、红茶、汽水、苏打水、果汁、可乐等，客人要以上任何一种时，应按照客人房内的人数准备足够的玻璃杯。如送进去时巧遇访客增多，但主人并没有表示另外再增加分量时，服务员应主动迅速增加杯子，然后请问客人是否将饮料倒入杯中，再进行服务工作。

（2）普通热饮料：如咖啡、红茶、牛奶必须附方糖、茶匙以便客人饮用，此种饮料于端送时，应越快越好，否则不能保持温度适宜。

（3）酒类：一般客人喜欢在客房内饮用各种不同名称的鸡尾酒，装在高脚杯里饮用，如服务员没有熟练的技巧很难端送，所以要特别小心，以免外溢损失，送酒类时一定要附送餐巾纸以方便客人端杯饮用。

2. 餐点方面

（1）蛋类：如煮蛋、炒蛋、水蛋、蛋包等。煮蛋与炒蛋因制作过程时间长短的不同而异。

① 煮蛋：因时间长短可分为半生煮蛋，通常煮一至三分钟；全熟煮蛋，要煮五分钟以上。煮蛋计时为水煮沸腾时开始，故服务员在为客人点餐时，一定要告诉客人。

② 炒蛋：一般均附加火腿、咸肉或香肠，服务员一定要问客人要加哪一种配料才行。

③ 煎蛋：煎蛋有煎一面或煎二面之分，故也要问清楚。

④ 水蛋和蛋包：这两种蛋可由里面包的不同食物而分为乳酪蛋包、火腿蛋包、洋菇蛋包等。

食用蛋类的餐具：通常煮蛋是用蛋杯放在小盘上再附上茶匙，其他各种蛋类食品均盛于盘碟中，再加上要使用的刀叉送到客房即可。

（2）面包类：如烤面包，是早餐不可缺少的，但要注意其厚薄，现在已用机器切面包，其厚薄约一公分，烤成棕色为宜，面包片平放在盘上，并附送上各种用品，如奶油、果酱、奶油刀等。

（3）咖啡或红茶，通常需要咖啡的客人为最多，红茶次之，牛奶最少。通常外国人非常重视咖啡，早晨能有一杯称心可口的咖啡，不但可以提神，而且可以使精神愉快。因此服务员在端送咖啡时，应特别注意下列几点：

① 盛装于咖啡壶的分量，约等于大咖啡杯的二杯量。

② 保持咖啡最高的温度，先以开水烫温咖啡壶，再将咖啡倒进去（热红茶的方法不同），随即盖上盖子，将壶外湿的地方擦干净。

③ 送咖啡时，一定要附送方糖和牛奶，如果没有方糖用砂糖时，一定要附带长匙。

一位好的服务员在送咖啡给客人后，应先请问客人是否要倒咖啡，但如遇客人不即时饮用时，就不必为客人倒了，必须很有礼貌地致意然后出来。

3. 正餐的服务

客人在房内用正餐的次数很少，但有时也会在房内用正餐。送正餐的次序如下：

（1）服务员在房内为客人服务的如果是全餐的话，应用餐车布置好餐具，将第一道菜连同汤及面包送进去。

（2）然后再送大菜，鱼或肉。

（3）再送点心、水果（或冰淇淋），最后送咖啡或红茶。

（4）最后一道菜送完后经过二十分钟左右就可收拾餐车，把客房收拾干净。

假如午餐、晚餐客人所点的食物品种较多且较零碎，可用大托盘给客人送进房即可，餐车及托盘除了前述外，一定要附送餐巾纸及冰水各一份，以备客人使用。在午餐及晚餐最容易碰到客人点牛排，要询问客人喜欢吃几分熟的牛排，或嫩或中或老，然后通知餐厅照办。

六、实训内容

1. 送餐服务的准备

（1）电话员了解当天供应食品情况。

（2）每天上午一次（10：30），下午一次（14：30）。

（3）准确记录菜单上食品实际供应的变动情况，详细记录特荐食品原料、配料、味道及制作方法。

（4）将食品信息通知到客房餐饮部的每一位工作人员。

2. 主动向住店客人提供送餐电话

（1）向客人问候并清晰报出自己所在部门及姓名，表示愿意为客人提供服务。

（2）了解客人需要餐饮的种类、数量、人数及要求。

（3）向客人推荐介绍，做好准备工作。

（4）重述客人要求，以获得客人确认。

（5）告诉客人等候时间。

3. 接受客人的订餐服务

（1）电话铃响三声之内接听电话，并致以问候。

（2）聆听客人预订要求，掌握客人订餐种类、数量、人数及特殊要求，解答客人提问。

（3）主动向客人推荐，说明客餐服务项目，介绍当天推荐食品，描述食品的数量、原料、味道、辅助配料及制作方法。

（4）复述客人预订内容及要求，得到客人确认后（并告诉客人等候时间）致谢。

（5）待客人将电话挂断后，方可放下听筒。

4. 填写订单并记录

（1）订单一式四联，第一联交收款台，第二联交厨房，第三联交前台夜审，第四联交酒吧。

（2）电话员按照头盘、汤、主盘、甜食、咖啡和茶的顺序，将客人所订的食品依次填写在订单上。

（3）若客人需要特殊食品或有特殊要求，需附文说明，连同订单一同送往厨房，必要时，要向厨师长当面说明。

（4）在送餐服务本上记录客人订餐情况、客人房间号码、订餐内容、订餐时间、服务员姓名、账单号码。

5. 为客人提供送餐摆台服务

（1）准备送餐用具（送餐车、托盘）和餐具。

（2）取客人所订食品和饮料。

（3）依据客人订餐种类和数量，按规范摆台。

6. 送餐至客房

（1）送餐途中，保持送餐用具平稳，避免食品或饮品溢出。

（2）食品、饮品餐具，须加盖盖布，确保卫生。

（3）核实客人房号，敲门 3 下，报称"送餐服务"（Room Service）。

7. 提供客房内的用餐服务

（1）待客人开门后，问候并询问是否可进入（"Good morning/afternoon/evening, sir/madam, May I come in?"），得到客人允许后进入房间。

（2）询问客人用餐位置（Where would you like to have?）。

（3）按照客人要求放置，依据订餐类型进行客房内服务。

8. 办理客户结账手续

（1）双手持账单夹上端，将账单递给客人。

（2）将笔备好，手持下端，将笔递给客人。

（3）客人签完后，向客人致谢（Thank you sir/madam.）。

（4）询问客人是否还有其他要求（Is there anything else that I can do for you?）。

9. 在送餐摆台后与客人道别

（1）请客人用餐（Enjoy your meal, please!）。

（2）退出房间。

10. 为用餐客人收餐

（1）检查订餐记录，确认房间号码。

（2）早餐为 30 分钟后打电话收餐，午、晚餐为 60 分钟后打电话收餐。

（3）问候客人，称呼客人名字并介绍自己，询问客人是否用餐完毕，服务员能否到房间收餐。

（4）服务员收餐完毕后，即刻通知订餐员，并详细记录。

（5）当客人不在房间时，请楼层服务员开门，及时将餐车、餐盘用具取出。

（6）若客人在房间，收餐完毕，询问客人是否还有其他要求并道别。

七、送餐服务员应注意的事项

1. 提高服务水平

值班服务员在房内餐饮服务时应注意下列事项，以达到服务的最高品质，现将注意各点分述于下：

（1）旅客所订的餐饮，必须尽速供应，不可使客人久候。

（2）易冷的食物，要尽快送到客人的房内，千万不要等食物变冷后才送入客人的房间。

（3）当食物由餐饮部服务员送来时，一定要把调味料如胡椒、盐等准备齐全后再送进客房，绝不可因缺少任何一项，而使客人用餐时有不愉快的感觉。

（4）值班服务员在为客人服务时，是个人服务表现最佳时机，千万要注意自己的言行，绝不可因为个人的因素而影响到旅馆的声誉。

（5）服务员是旅馆餐饮部门出售餐饮的业务代表，对于菜单的内容必须熟记，当客人有疑问时，可以随时给客人满意的答复。

（6）餐厅的新进服务员必须要将每日的定餐及特别料理请教领班，其次还要注意到客人经常点到的菜肴与大厨师的拿手菜，并加深对厨师的了解，这样不但可增加自己的知识，还可使自己成为一个优秀的服务人员。

2. 客房送餐服务注意事项

（1）有时客人会将房号讲错或讲得不全面，因此要有电话显示器，及时确认客人的房间，避免错误；如订餐讲得不全面的要妥善协助客人解决。

（2）送餐（订餐）服务员要熟记菜单的内容，以便介绍给客人并对客人的疑问给予满意答复。

（3）入单时注明入单时间和取货的要求，方便厨房适时烹制。

（4）为方便客人订餐，一般要将印制精美的菜点介绍卡放在客房内。客人预订房内用餐的方式主要有两种，一是用"早餐门把菜单"预订，客人在门把的菜单上打"√"，房内用餐服务员在指定的时间内收集订菜单；二是通过电话预订，临时通知送餐部送食物、饮料。无论采用哪种方法订餐，皆应做到准时、准确地将客人所点的食品送入客人房间，用热情礼貌的服务使宾客满意。

（5）服务员在收餐具时，要注意更换烟灰缸、玻璃杯，擦拭桌上的脏东西，使客房保持干净幽雅。

（6）从房内收出的餐具要清点，及时检查缺损，无法找回的餐具要呈报，收回的餐具要及时送洗，不可滞留在楼层，以免滋生蟑螂等害虫。

（7）客房的餐饮服务，是个人服务表现的一大考验，送餐服务员要集中注意力，不断提升服务水平。

实训项目七： 洗衣房实训

一、实训目的

要求学生通过洗衣房服务实训，熟练掌握客房部洗衣服务技能。

二、实训时间

实训授课 1 学时，共计 45 分钟。其中，示范讲解 10 分钟，学员操作 30 分钟，考核测试 5 分钟。

三、实训准备

实训场地准备：模拟客房。

实训用品准备：洗衣袋、客房布草、布草车、干洗机、熨斗等。

仪容仪表准备：与课人员身着职业装，女生化淡妆、盘发。

四、实训方法

由老师进行示范，然后 6 人一组，每人分别进行实际操作。

五、实训流程

（1）住店客人洗衣工作流程，如图 3-5 所示。

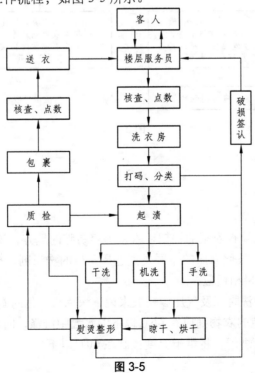

图 3-5

（2）收衣工作流程，如图 3-6 所示。

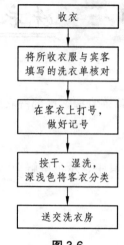

图 3-6

（3）送衣工作流程，如图 3-7 所示。

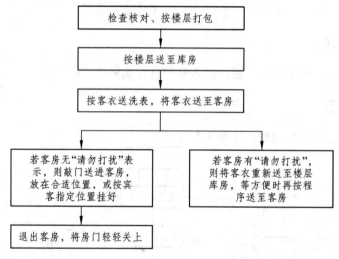

图 3-7

六、实训标准

1. 客衣洗涤质量标准

（1）湿洗。

① 在洗涤之前，要先检查衣服的袖口、衣领等容易脏的地方，喷洒去污药水。

② 10～15 分钟之后，按照衣服的不同类型选择正确的洗涤剂，投入洗衣机中进行洗涤。衣物的重量要与机器的容量相适应。

③ 准确掌握水温、冲洗时间及气压。一般来说，深色和杂色的衣服应在 35℃ 以下的水温中洗涤 10 分钟左右；白色的衣物则应在 60℃ 以下的水温中洗涤，时间最好在 10 分钟以上。

④ 将洗好的衣服进行烘干，将烘干温度控制在 60℃ 以下。

（2）干洗。

① 干洗之前，认真检查客衣的质地、颜色、弄脏的程度等，如果发现有较重的污渍，要先用手洗去污。

② 将检查过的衣服投入干洗机中进行冲洗，投油，洗涤 3～5 分钟，然后再加入四氯乙烯进行冲洗。

③ 将洗好的衣服烘干。

（3）手洗。

对于丝绸、丝袜等一些有特殊要求的客衣，要坚持手洗。洗涤时要根据特定的洗涤要求和衣物脏的程度来确定选择什么样的洗涤剂，另外，还要掌握适当的水温。将衣服进行揉搓，然后用清水冲洗干净。对于容易掉色的衣物，应装袋洗涤。

（4）熨烫。

洗好的衣服要根据其种类和部位的不同，选择不同的熨烫衣机，如夹衣机、裤衣机、面像机等来进行熨烫。熨烫时部位选放要准确，开放适量蒸汽，要掌握好喷气与熨烫的时间。

2. 工服洗涤质量标准

洗衣房应根据工服的不同种类和布料的不同来进行分类洗涤。洗涤时要选择适当的洗涤方式、温度、压力和洗涤时间等。各个程序都要按相关的操作规程来进行，以规范的操作来保证洗涤质量。洗涤后的工作服，要做到清洁无污、美观。

3. 棉织品的洗涤质量标准

棉织品又可分为好几类。

（1）台布类。

① 台布的洗涤要严格遵守有关的操作规范，洗后的台布要做到清洁、柔软，没有任何油迹和污渍。

② 洗涤时要选择合理的装机数量，温度和压力的控制也要准确。

③ 分三次进行投水冲洗，冲洗时加入洗衣粉、去油洗涤剂、漂白粉、浆粉和酸粉等。

（2）床单枕套类。

① 床单及枕套的洗涤温度应控制在 80℃ 左右，冲洗时间应在 20 分钟左右。

② 进行三次投洗，投洗过程中分别加入洗衣粉、酸粉和荧光剂，投放的数量要适当。

③ 进行甩干、压平。

④ 床单和枕套要分开来进行洗涤，装机送洗的数量要适当。洗后的床单应做到清洁、柔软。

（3）毛巾类。

① 毛巾投洗时要加入洗涤剂、漂白粉、柔顺剂和酸粉等，投放的数量要适当。

② 准确控制洗涤水温与气压，一般洗涤温度在 80℃ 左右。

③ 分三次投水冲洗，冲洗时间在 15～20 分钟之间。

④ 洗完的棉织品要进行烘干和打冷风。

⑤ 洗涤时装机的数量要适当。

⑥ 洗后的毛巾应做到清洁、柔软和蓬松。

七、实训内容

1. 客衣洗涤工作程序

（1）收发工作。

① 洗衣房收发员每天上岗后收取客衣，并注意进行核对，确认客人房间号、姓名等关键要素没有错误。

② 将取回的客衣进行编号、打号、清点核算，并进行检查与分类，分出湿洗、干洗和熨烫等类别。

③ 按照客衣的不同类别，将其送至洗涤车间进行洗涤。

④ 客衣洗烫完成之后，收发员要进行认真核查，对客衣进行整理，然后装袋，按顺序叠放在客衣车上，与楼层服务员一起将其送至客人房间，并进行核对签收。

⑤ 对于客人要求加急洗涤的衣服，收发员应采取相应的加急措施，在接到客人的电话后以最快速度赶到客房收取客衣，并向洗涤等部门说明，大家共同努力，做到四小时之内将客衣洗熨好送回。

（2）检查打号。

① 对收回的客衣，客房部要进行编号，将房号及所洗的件数一起填写在用于查核的专用本上。

② 在洗衣单上也要注明衣服的颜色及件数，进行编号，以方便查找。

③ 根据编号在衣服上打号。

④ 将打好号的衣服分批交给洗熨人员进行洗熨。

⑤ 将洗熨好的干净衣服按件数和编号进行核查，确认无误后进行包装。

（3）客衣湿洗。

① 衣物要按照干、湿分类进行处理，对于容易掉色的衣服要进行处理。

② 根据衣物的种类选用洗衣粉，在洗涤的时候要注意控制水温，毛织品和容易掉色的衣服要注意用凉水清洗，一般衣服的水温控制在30℃～40℃之间，棉织品的温度控制在65℃以下。

③ 对有污渍的衣服，洗衣时应先去渍，然后再清洗。洗衬衣时应先洗刷衬衣的袖口及衣领，因为通常这些部位都比较脏。

④ 在洗涤时，应先检查衣物内是否有没拿出的东西，以避免给客人造成损失，同时也防止损坏衣物。

⑤ 对于丝织品，最好用手洗。

（4）客衣干洗。

① 将送来洗涤的衣物进行分类，并检查衣物，看是否有东西没有拿出，衣服是否适合干洗等。

② 对衣服先去污，然后按衣服颜色选择机内的干洗油，根据衣服的质地决定是否增加附加剂。

③ 进行洗涤前的检查，确认机器设备的完好，而后合上电源，打开干洗机开关，按下保险，打开总气门，关上机后气节门，使蒸汽进入干洗机。

④ 打开机门，按分好的次序先浅后深地将衣物装入机内，然后开动机器，洗涤时按照"洗涤→脱油→烘干→除臭→打开机门卸下衣物"的程序进行。

⑤ 洗涤结束之后，将剩下的干洗油打入蒸馏箱，蒸馏成为净油，为第二天的洗涤做准备。

（5）客衣熨烫。

① 衬衣的熨烫。先熨烫衬衣的衣领及袖口，正面熨烫的时间短一些，背面的时间可以长一些；熨烫袖子时一般要对准袖筒缝全线，先左后右进行熨烫；对熨烫好的客衣，要仔细地

检查是否合格。

② 西服的熨烫。西服的领子要从反面进行熨烫，熨烫的次序为：左片正面、左翻领内里、右片正面、右翻领内里；肩部及肩口使用膛码熨烫；熨烫领子和左右两边的翻领，调整西服领形。

③ 裤子的熨烫。熨烫裤子时，一定要使裤子的内折线、前中线对直，两裤筒的前中线与后中线的高度要相等，为了避免熨斗烙痕，进行手工熨烫时要用布贴面而烫，此外，前后口袋应翻开熨烫。

2. 工服洗涤工作程序

（1）工服的洗涤程序。

① 白色布工服、帽子和围裙的洗涤。对白色布工服、帽子及围裙等进行洗涤时，应先加水（水温达 90℃ 左右），在水中加入洗衣粉和去油剂等，洗约八分钟之后进行排水；然后重新加入温水（水温在 70℃ 左右）和漂白粉，进行再次洗涤；最后一次洗时要加入少量的浆粉和酸粉（这样可以使工服熨烫后显得挺括，并且在再次洗涤时污渍更容易洗掉）进行高速甩干。此外，应注意洗涤时不要一次洗得太多。

② 白涤纶工服的洗涤。白涤纶工服洗涤时，先在温度不超过 60℃ 的水中加入少量漂白粉，将工服投洗三次，每次投洗时间在 3 分钟左右，最后一次要在 30℃ 以下的水中加入酸粉进行投洗，然后高速甩干 1 分钟。另外，在洗涤时应先洗刷袖口和领子等特别脏的地方，对于有油污的工服，可以先喷洒适当的药水投洗。

③ 其他工服的洗涤。其他工服要根据衣料的性质进行干洗和湿洗，洗涤方法与客衣相同。

（2）工服房工作程序。

① 将脏衣服收回，先进行检查，查看有无破损重污、点清件数，提醒衣主将衣服里的东西掏净。

② 万一事后发现衣物内还有遗留物，应交回本人或上交给领班，并做好记录。

③ 遵循交一件脏工服领一件干净工服的制度，坚持以衣换衣、以旧换新和编号相符的原则，从洗涤房发出的工服必须做到清洁，无污渍、无开线、无纽扣掉落。

④ 换洗的脏工作服必须在中午 11：00 之前送到洗衣房。

⑤ 将干净的工服收回，并检查其有无破损，如果有的话，应进行及时的修补。

⑥ 将经过清洁和修补检查的工服按编号挂在规定的位置上。

3. 店外客衣的处理程序

（1）在接收店外客衣时，应先请客人在洗衣单上填写姓名、电话号码及工作单位等内容，如果客人有关于洗涤方面的特殊要求，应让其在洗衣单上注明。然后，收发员将客人的衣服当着客人的面进行清点，若是客衣有破损或有污渍，应立即向客人解释清楚，达成意见一致后，才可送洗衣房进行洗涤。

（2）按照客人所洗衣服的件数等相关因素来计算洗衣费用，并请有关经手人在洗衣单上签名。

（3）当客人来取衣时，出示洗衣单，请客人验收。

（4）在营业报表中填写所取走客衣的账号和所收取的款额，以及客人取走衣服的时间。

4. 处理各种投诉

再好的服务，也不可能没有疏忽。洗衣房的服务人员在为顾客提供衣服洗涤服务时，不周、不当在所难免。所以，当客人来电话或直接来投诉时，最好做到以下几点：

（1）认真听取客人或内部有关部门对于洗涤服务质量的投诉，并将投诉的内容进行详细记录，包括客人的姓名或是部门名称，以及投诉的时间。

（2）接待完客人之后，立即着手查找原因，以最快的速度解决问题，力求给客人或是投诉部门一个满意的答复。

（3）事情处理完之后，马上写出报告，交给洗衣房的主管。

八、客衣洗涤纠纷的处理与预防

1. 客衣洗涤纠纷的处理

（1）认真听取客人的投诉。当客人提出投诉时，要本着为客人服务、替客人着想的原则和宗旨，仔细、认真、耐心地听取客人的意见。

（2）认真分析客人所投诉事件发生的原因。在听完客人的投诉之后，要尽量以最快的速度分析原因，查明事情的来龙去脉，以便进行有针对性的处理。

（3）对客衣纠纷进行处理。在查明事件原因之后，应根据不同情况进行分类处理。凡是因为酒店方面的原因造成了洗涤过程中客衣丢失、损坏、染色或是熨烫质量等方面的纠纷，就应该主动承担责任，依据实际情况进行赔偿、修补或是回收、重烫等。一般来说，赔偿费不会超过洗衣费的 10 倍，由酒店和客人进行具体的协商。若是因为客人本身的原因而造成衣物的损坏，如衣物本身原因而引起污迹洗不掉等，则应耐心向客人解释，一般不用承担赔偿责任。总之，客衣纠纷处理的原则应是友好协商，处理得当，尽量让客人能够满意而归。

2. 客衣洗涤纠纷的预防

为了预防客衣洗涤纠纷的发生，洗衣房管理人员可以从以下几个方面入手，加强对客衣洗涤环节的管理：

（1）在收取客衣时，要认真细致地检查，如果发现有问题，要事先向客人当面讲清。

（2）对客衣要分类处理。在给客衣打号时要根据衣物的不同分成几种类型来处理，同时要严格检查，根据实际情况去扣、装袋洗涤等。

（3）在客衣洗涤过程中，要严格按照有关操作规程来办事，对不同的衣物要采取不同的洗涤方法，选定不同的洗涤剂、不同的洗涤时间，要做到在洗净衣物的同时不对衣物造成损伤。

（4）按照楼层的不同、客房的不同对洗好的衣物进行分拣，然后进行分号装袋，在装袋时要细致认真，不出差错。

（5）在洗涤流程中要注意做好交接记录，明确各自的责任，从而防止衣物丢失或出现差错。

实训项目八：设施设备的保养及使用实训

一、实训目的

要求学生通过设施设备的保养及使用实训，熟练掌握客房内设施设备的保养及使用技能。

二、实训时间

实训授课 1 学时，共计 45 分钟。其中，示范讲解 10 分钟，学员操作 30 分钟，考核测试 5 分钟。

三、实训准备

实训场地准备：模拟客房。

实训用品准备：门、窗、家具、地板、电视、地板等。

仪容仪表准备：与课人员身着职业装，女生化淡妆、盘发。

四、实训方法

由老师进行示范，然后 6 人一组，每人分别进行实际操作。

五、实训内容

（一）房屋设施的使用和保养

虽然许多大型旅店都有专门的工程人员负责管理客房内设施，但平时的保养应由客房部服务员负责，像换灯泡等小项目也大可不必请工程队。

1. 门窗

门窗在日常开关时，应养成轻开轻关的习惯。注意经常检查有无下列情况，发现问题应及时采取一些保养修理措施。

（1）门锁及门拉手是否灵活有效，螺丝是否齐全，有无松动。松动的应旋紧，缺的应补齐。

（2）门窗打开时，有无响声，底部有无触磨地板、窗沿情况，开、关时是否严密，有无裂缝，门、窗框附近的墙壁有无震裂及灰泥脱落现象。

（3）门后墙角有无阻木，是否掉落。

（4）门或钢窗如装有刹止器，应检查是否灵活，是否需上油。

（5）门窗有无扭曲变形、油漆剥落或破损之处。

（6）玻璃有无破碎或裂纹，玻璃腻子是否掉落。

（7）纱窗有无破损，窗栓、窗钩是否完整牢固。开窗后，应用窗钩挂住，或用刹止器固定，以免风吹碰撞震碎玻璃。

（8）窗帘的拉绳、滑动轮等是否完好，窗帘上的钩、圈是否齐全，拉动时是否灵活方便。

2. 墙壁、板壁和地面

（1）墙壁、板壁的使用和保养。

① 应经常检查板壁有无变色、退色、剥落、掉皮，有无裂缝或隙洞，有无动摇不坚稳情况。如程度轻微，及时稍加修整即可没问题，否则应考虑进行修理。

② 灰泥墙要注意有无泛潮、起壳、脱落等现象。

③ 油漆的墙壁，应防止用水冲刷，应用湿布擦洗。以免损伤油漆，如有污迹，可用煤油或松节油擦除。灰尘只宜用干软布擦拭。

④ 墙壁、板壁均不允许随意牵拉绳索或随意乱钉铁钉。

（2）地面的使用和保养。

① 混凝土地面（水泥地面）。

混凝土地面是碱性的，清洁时，应避免使用无抑制剂的酸性清洁剂。以防使地面粗糙，失去应有的光泽、韧力或起裂缝，使地面变黑。为使地面坚固不起粉尘，地面应打上保护物，保护物有混凝土蜂蜡、氯化橡胶或聚酯类保护物、液体或膏状蜡。对于混凝土地面，其保养方法是：定期用洗地机和适当的清洁剂洗刷地面，清水冲净，然后用吸水机将水吸干。起掉原有的两层蜂蜡，再加上两层新的蜂蜡。日常的保养，即是每天清扫和用干湿拖把拖净拖亮。

② 大理石（水磨石）地面。

大理石、水磨石地面应避免用酸性清洁剂进行清洁，或用粗糙的东西摩擦，也不能使用砂粉或粉状清洁剂，以防表层的爆裂。大理石、水磨石使用的保护物有蜂蜡、液体或膏状蜡。通常，大理石、水磨石地面的保养方法是：用洗地机加尼龙垫和适量的起渍水洗擦，清水冲净，然后用吸水机吸干地面，起掉原有的蜂蜡，重新用打蜡机利用喷磨法加上两层新蜂蜡。日常的保养，即是每日清扫并用油拖把拖擦。

③ 瓷砖地面。

不允许使用无抑制剂的酸性清洁剂、粉状清洁剂进行清洁，或用粗糙的物体摩擦，以防瓷砖被磨损，失去光泽等。瓷砖地面的保护物是蜂蜡。对于瓷砖地面，其保养方法是：用洗地机和适当的碱性清洁剂洗擦地面，清水冲净，然后用吸水机将水吸干，加上蜂蜡或用喷磨法打蜡磨光。日常用定期起蜡或打蜡、定期喷磨的方法进行保养，每日用油拖把拖擦进行日常的保养。

④ 木板地面。

木板地面应防潮、防水。清洁时，不能用水拖把擦拖地面，更不允许用水冲刷泼洒。天气潮湿时，应注意做好通风工作。木板地面不能随意翻刨，或用过重的尖锐金属在上面推拉。木板地面在进行保养时最好的方法是：用洗地机加尼龙垫和适当的清洁剂清洗地面。风干后，打上两层蜂蜡并磨光。或用打磨机将表层蜡磨掉，用吸尘机吸净灰尘，再用打蜡机喷磨两层新蜡。日常的保养，即是采用定期喷磨的方法保养，每日用油拖把拖擦干净。

⑤ 塑料地板地面。

塑料地板是采用黏结剂黏合的，因此，不能让水渗到接缝处及底部。塑料地板表面可用洗涤剂擦拭，禁用硬刷类或热水擦洗。禁止将燃着的烟蒂或火柴扔到塑料地板上。移动家具时，不要在上面强拖硬拉，也不要穿带有钉子的鞋在上面走动，以防地板被划损而影响美观。每日清洁时，可用湿、干拖把拖擦，保持清洁干燥。

（二）旅店常用设备的使用与保养

旅店的常用设备主要有暖气设备、电器设备以及卫生和供水设备。下面分别对它们的使用和保养方法予以介绍。

1. 暖气设备

旅店使用的暖气设备基本上是水暖或汽暖设备。目前使用较多的是水暖。使用水暖气设备时，于每年冬季第一次供应暖气时，要先放出一些剩水，使水暖气片内的空气对流，否则，空气受阻，不能传热。初次供热时，服务员应全面检查房间内的水暖气片有无漏水，有无不热或只热一部分，有这种情况，就要及时报修。使用暖气设备时，要正确掌握室温，一般保持在 20℃左右，室温过高，可暂时关闭。水暖气片和管路上应注意不要挂置或烘置潮湿的衣服等。

2. 电器设备

（1）电表。电表是记录耗电量的仪器，要求运转正常精确。电表应装在干燥且稳固的地方，不能装在高温、潮湿或有腐蚀性气体的地方。高度一般应距离地面 1.8 米。电表常见的故障有接线盒烧毁、空载自转、表停、计量不准等，应及时检修。有时电表发出轻微的响声，这是正常的。响声较大时，则可能是电表内电磁元件松动或上下轴承缺少润滑油的缘故，这将影响表的准确计量，应加以修整，一般来说，表的运行时间超过 3 年应进行一次拆洗、加油的维护工作。

（2）熔断丝。安装熔断丝要根据用电的总瓦数选择适合的型号，不能用其他的东西代替，否则会引发事故，影响正常用电。发生熔断丝断开影响用电时，只需拉断电源闸刀，经检查后拆下熔断丝，换上型号相同的熔断丝，再合上闸刀即可。如换上熔断丝后又被烧断，一般说明线路上发生故障，有可能发生短路，应及时检查事故原因，即顺着线路仔细查找电线有无破裂、裸露的部分，有无相碰接触之处。经排除短路后，再重接。

（3）电灯。电灯忽然不亮，一般是因为供电线路发生故障而停电，或是本身电器装置发生故障。本身电器装置发生故障的处理方法如下：

① 灯泡断丝，灯具不亮，应更换灯泡。

② 灯头接触不良，灯具不亮，应拨动灯头接触部分，改善其接触。

③ 灯全部熄灭，有可能是室内总干线短路、总熔断丝烧断，应拉断总开关，更换熔断丝，如为非熔断丝熔断，应通知供电部门派专业人员更换。

④ 室内部分灯亮，部分灯灭，可能分路有一路熔断，应断开电源，更换熔断丝。

（4）日光灯。日光灯亮度高，光线柔和，温度低，可节约用电，使用寿命较普通灯泡长，是一种发光效率较高的灯具。日光灯使用寿命一般为 3 000 小时以上，条件是每次开启连续点燃 3 小时，而每开关一次，从使用寿命角度来看，相当于 2 小时的消耗。因此，日光灯在使用时应注意尽量减少不必要的开关次数。在正常使用的条件下，当新灯管通电后，两端不红者，则表明灯管断丝，不能使用；当通电后，汞圈在管内游动者，则表明管的汞圈脱落；当通电后，灯管两端发红，多次闪跳不起或冒白烟者，则表明灯管漏气，均不能使用。

日光灯管不发光的处理：

① 日光灯管的一端或两端有明显的粗黑痕迹，通电后不见灯亮，说明灯管寿命已尽，需更换相同度数的新灯管。

② 如果灯管未坏,可又不发光,很可能是接触不良造成的,应检查启辉器是否接触不良,或检查灯角与灯管的交接处是否有接触过松的现象。

③ 灯管忽亮忽暗跳动不停,不能正常发光,其原因是:电源电压太低或线路压降太大,此时应把灯关掉,否则会使启辉器和灯管损坏。启辉器发生故障,应更换。天气太冷,可用热毛巾在灯管中部敷一下,但切勿接触灯脚。灯管慢性漏气,必须更换灯管。

灯具应经常进行保养。需要定期进行简单的清洁卫生工作,以保证日光灯正常发挥照明作用。灯具故障一般由专门人员(电工)进行修理,但鉴于服务工作的实际情况,服务人员也需要懂得一些简单必要的维修知识。

(5)电扇。应注意将电扇放置在平稳的地方,其位置应在距离电源插座较近处。电源线应尽量稳妥地放置在某些家具的侧面或后面,以既不外露,又不被挤压为宜。在使用中如嗅到焦味,或看到电动机冒出黑烟,说明发生严重短路故障,应立即断开电源停止使用。移动电扇需在关停后进行。电扇内部不可进水,清洁时,应用干布揩拭。如沾有油污,可用带有肥皂水的潮湿软布擦净,再用干布擦干。不要用汽油、酒精等擦电扇,以免损伤油漆,失去光泽。

电扇停用时,应擦净包好,以防灰尘侵入,放置在干燥通风之处。在正常情况下,电扇在使用前应加注好润滑油,使用2~3年后,应更换齿轮箱中的润滑脂。

(6)电梯。电梯是现代高层建筑中不可缺少的设备,发生任何微小的故障,都可能会对宾客的安全产生很大的威胁。所以,平时应经常对吊车机械进行检修保养。使用前应严格地检查有无故障隐患,使用时,要严格地按操作规程操作,防止"超高"或"掉坑"事故。工作中应控制乘客数量,不能超员超载运行。另外,应注意防止梯门夹伤宾客,没有自动控制系统装置的电梯,应坚持先关门后启动,不能关门、启动同时操作。如果发生故障,要沉着勿惊恐,应尽量设法让宾客安全离开电梯后,再进行故障检查和排除。为保证宾客身体健康、心情舒畅,电梯间应保持清洁。

3. 卫生、供水设备

旅店的公共卫生设备要有专人负责管理,保持长期清洁卫生。

面盆、浴盆、橡皮水栓,不应短缺,应保持完整有效。

马桶的水箱构件应保持灵活有效,发生漏水现象时,一般是由皮碗失灵、变形或破裂造成的,应及时修理或更换。

自来水龙头漏水,一般是由于一时疏忽没有拧紧,或因胶皮垫磨损破裂造成。修理时,应关闭阀门,卸下水龙头,换上新的胶皮垫,无法修理的,应及时更换新的水龙头。

所有流水的排水管道,都应该有过滤网,以防污物侵入造成堵塞,应定期清除下水道沉淀池的沉淀物,尤其应注意在雨季前的检查清理工作,使其保持畅通。

服务员对供水总闸、分闸开关的位置,应该心中有数。应定时查看水表,发现用水量超出常规时,应认真分析原因,及时向上级反映,进行检修。

(三)洗衣房家具用品的使用和保养

1. 家具的使用和保养

木器家具多以红松、杉木、樟木、榆木、柞木、楸木、水曲柳、楠木、银杏木等木材制作。这些木材具有质轻、强度高、物理性能好、手感适中、纹理美观、构件连接制作简单等优点。因此,不同档次的家具根据木材的特性和用途,选用不同的材质制作。又由于木材本身具有质地结构不均匀,各方向强度不一致,以及天然造成的缺陷等特点,因此,木器家具在使用中应根据其特性加以保养。

在使用木制家具时,主要的是防止其断裂、变形和表面油漆的脱落、褪色。木制家具应防潮、防晒,放置于干湿适宜的位置。避免太阳的直接曝晒、暖气的烘烤和水渍的侵蚀。切勿用水冲刷和用较湿硬的抹布擦洗家具,更不能用开水、碱水浸泡。木制家具的摆放应平稳,不能在上面摆放过重的物件,搬动时,要巧搬轻放,切不可硬拖强拉,以防脱榫、折断和撞损等。木制家具表面的油漆应随时加以养护,擦拭时,宜用干燥或半干燥的柔软布,一般不要用湿布。打扫卫生时,要防止各种强酸、强碱的洗涤剂洒在家具上,不要在家具的表面放置滚烫的器物,或将开水倒在上面。在使用吸尘器吸尘时,要在吸口上包扎一块抹布,以防碰伤家具的油漆。家具上的油漆烫出白迹,可用煤油、酒精、花露水去掉。时间较长久的,可用蜡使其消退。

电镀家具更应注意防潮。镀件表面出现黄褐色斑痕或生锈时,可用中性机油揩擦,注意不要用砂纸或砂布打磨。

2. 纺织品的使用和保管

在使用纺织品时,无论是何种料质,都应注意防火、防潮和保持洁净,同时要防止猛扯硬拉和碰划。丝织品尤忌熏烤,否则会大大降低其强力,变得酥脆易破。毛料织物易被虫蛀,要经常翻晒除尘和适时用樟脑进行处理。化纤品更应注意防火。汽油洒在化纤织物上,会使其变质。化纤的耐热性较差,洗涤时水温不宜超过50℃,熨烫时温度要控制在120℃~140℃之间。纺织品应注意定期更换、洗涤及轮换使用,以免有些纺织品因久放不用而导致发脆或变质。

潮湿的毛巾、抹布等应洗净后摊晾于通风干燥处,不要堆在一起,以免发霉腐烂、生菌,产生异味。

纺织品收藏时,要洗净晾干或进行除尘、熨烫,以达到杀虫、灭菌、防霉的目的。存放的仓库应阴凉、无鼠洞、无滴漏且门窗严密。存放纺织品的箱橱要洁净,并放有防虫剂。各种不同料质的纺织品要分门别类存放,新的纺织品应清洗后再收藏,以防变质损坏。

3. 地毯的使用和保养

地毯要注意保洁,掉在上面的脏物应随时清除,并经常用吸尘器除尘。地毯上黏附的油迹可用汽油擦掉,痰迹或其他脏物可用抹布蘸上少许肥皂水揩净。

地毯大面积被水浸湿时,要及时搬至室外晾晒。不便搬至室外的,须用物体把其浸湿部分支撑起来,将其风干。

地毯严禁用重物敲砸和锐器扎划,更不要让烟头或火种掉在上面将其烧破。地毯还应防止阳光久晒使其褪色,纯毛地毯应注意防虫蛀,尤其是每年4月至7月要经常检查,一旦发现生虫,应及时用除虫剂处理。

地毯在收藏时,应先吸尘、洗净,放上一些用白纸包的樟脑丸,卷成紧密的圆筒形,然后用纸把两端包扎起来,用物体将其垫搁起来置于通风干燥处。

4. 玻璃器皿、瓷器的保养

(1)玻璃器皿、瓷器在使用时,必须注意轻拿轻放,放置地方应平稳妥当,并注意保持清洁光亮,符合卫生标准要求。

（2）清洗消毒时，动作要轻，轻拿轻洗。在清洗过程中应注意以下几方面：

① 洗刷时，切忌将所有物品都放入水池中，以防相互挤碰而破损。

② 摆放不应过密，码放不要叠套在一起，更不要以大压小参差摆放，以免器皿倒落压碎。

③ 擦拭器皿时，用劲要匀，同时应用消毒布垫住手，以防手直接与器皿接触。擦瓷器时，不要将许多瓷器一起擦，以防将瓷釉磨掉。

（3）瓷器和玻璃器皿要按类别、品种分门别类摆放，不要混合摆放。

（4）发现有缺口的瓷器、玻璃器皿要及时更换。

实训项目九：客房服务注意事项

一、实训目的

要求学生通过客房服务注意事项的实训，避免不必要的事故或危害发生。

二、实训时间

实训授课 1 学时，共计 45 分钟。其中，示范讲解 10 分钟，学员操作 30 分钟，考核测试 5 分钟。

三、实训准备

实训场地准备：模拟客房。

实训用品准备：衣服、皮包、手袋、烟头等。

仪容仪表准备：与课人员身着职业装，女生化淡妆、盘发。

四、实训方法

由老师进行示范，然后 6 人一组，每人分别进行实际操作。

五、实训内容

（一）客房服务员应特别注意的事项

（1）客房服务员在清理客房的时候，应尽量避免打扰客人，最好是在客人外出时打扫或客人特别吩咐才去做，但必须控制时间，不要等到客人已回来，还未整理好。

（2）服务员必须养成随时检查那些客人未做交代、不急于处理的事情。如住某号房客人平日吸烟多，访客也多，或许在二十分钟前曾向你要了几杯咖啡，而现在又有事叫你，此时就必须联想到房间里面的烟灰缸必定已积满了烟蒂，或咖啡已喝完，就应乘这次进入客房的机会，顺便带去所需的烟灰缸、抹布与托盘，将已用过的烟灰缸及咖啡杯收出来，并清理干净桌几。这些不但为客人做好了该做的事，而且会给客人留下良好的印象，还可以节省几次往返的精力。当要离开客房时，再环顾一下，或许还有什么事情未及处理，或应该带什么东西出来，如能养成这种习惯，即可圆满完成自己的服务程序。

（3）旅客迁入房间后，服务员必须亲切接待，详细说明房间设备及其使用方法，晚上应代为整理寝具。

（4）遇有应续办未成的任务时，应填入日记簿，以免遗漏。

（5）客人酒醉要特别照顾，或遇有患病超过起床时间尚无动静者，必须提高警觉，以防意外发生。对房内发生争吵、斗殴、聚赌或秘密集会等情形，均要迅速报告柜台及主管。

（6）房间必须经常保持高度清洁整齐，毛巾类应注意照规定换，墙壁、天花板、地毯、灯、镜子、壁橱、文具夹、水瓶、水杯及卫生设备等，必须逐日清洁，卫生间马桶清洁完毕要加封条，水杯要加杯套，铝窗与窗帘必须定期擦拭洗烫，并注意各种印刷品的破旧换新。

（7）整理房间必须打开房门，并尽量于顾客外出时进行，服务员除工作外，禁止进入客房内。

（8）遇有顾客遗忘的贵重物品，应立即捡还或报告主管处理，对于客房尤须全面彻底清洁妥善布置。

（9）顾客如要迁出时，必须立即联络柜台出纳问清是否结清账，服务员不准收账款、现金，或代客结账，如客人要求，可由领班代行。同时注意检点所有公物，发现缺少或被携走时，应立即报告主管或柜台处理。

（10）客人迁出时，应首先收回房间钥匙，故服务员必须特别注意，自动向他要回。

（11）客人迁出时，服务员应打电话给服务中心，而后将行李送到楼下大厅服务中心，等候客人迁出。

（12）客人要迁出时，应仔细查看一下房里的零星物品，如烟灰缸和小巧的装饰品，是否缺少，因为许多顾客喜欢收集纪念品，有顺手牵羊的举动，但千万不要直接查询房客，应报告主管。

（13）如有房客遗留物品，而客人已离开旅馆时，应将物品立即交给客房经理或领班列册登记保管，通常称为失物寻找。

（14）检查一下，是否有衣服送去洗而尚未取回，所经手的客人账单是否完全转送到柜台出纳，如没有的话，即应将账单送出纳，等待客人结账。

（15）如遇房内家具、电器损坏需要整修时，应立即与保养组联络，报请修理。

（二）服务员实施夜间服务注意事项

（1）负责继续办理一切未完的工作及旅客交代的事项。

（2）注意夜间安全，要巡查客人是否有忘记关房门睡觉的情形和旅客进出的情形。

（3）注意有无可疑人物及影响旅客安宁的情况，随时采取处置的方法。

（4）对酗酒的旅客应加以保护，以防意外发生。

（5）发现房客患重病，或精神失常情绪激动者，应随即报告夜间主管或经理，立即采取适当的处置，以防患于未然。万一旅客于房中发生意外灾祸时，应镇静地暗中报告主管或经理，以便采取法律上的手续，如通知警察、家属、卫生机关等。绝不能将此消息对外界谈论，应保守秘密，若无其事地继续工作，切勿惊动其他客人。

（6）夜班服务员下班时，应将夜间勤务工作详细交代清楚始可下班。

（7）夜间值班人员如遇紧急事情，必须暂时离开工作岗位时，应经夜间主管允许，派人接替方可离开。

（8）晚上 11 点以后仍在客房逗留的访客，尤其是女客，如要在旅馆过夜时，夜间服务员必须很有礼貌地向客人说明，并请其登记才能留宿。

（9）夜间服务员应注意保管通用钥匙，以备随时需要使用时开启旅馆内任何一间客房的房门，其他客房的钥匙更应特别注意，以免小偷混进来偷走了钥匙，开启了客房而偷窃了客人的东西，使客人蒙受损失。

（三）客房服务员避免事故发生的注意事项

客房服务员和清洁员在清扫整理房间或进行其他项目的清洁工作过程中，必须注意安全，严格遵守酒店规定的安全守则，杜绝事故。在工作过程中粗心大意，违反操作规程，会造成不可弥补的损失，因此必须从安全防范开始对服务员做基本要求，包括以下几点。

1. 楼面安全防范工作

（1）配备灭火筒或干粉灭火器等灭火设备，并会使用。

（2）通电设备使用要合乎操作要求，并定期检查、维修。

（3）通道上不堆放杂物，地面没有油迹、水渍及菜汁。

（4）服务员要提醒客人注意自己的皮包、手袋，有可疑人员应迅速向上级汇报。

（5）服务员应注意观察客人的面部表情，及时处理突发病情。

（6）台椅台桌要定期检查。

2. 安全操作要求

（1）具有较强的安全意识，防患于未然。

（2）正确使用电器、煤气炉具。

（3）有正当的保护措施，如工作手套、衣帽鞋具。

（4）有一系列的应急处理措施，并要求每个员工都掌握。

3. 安全操作应注意的事项

（1）用双手推车，以防闪腰。

（2）利用梯架打扫高处的积尘。

（3）如工作地带湿滑，应立即抹干，以防滑倒。

（4）不要使用已损坏的清洁工具，也不要擅自修理，以免发生危险。

（5）举笨重物品时（如抬家具上楼），切勿用腰力，须用脚力，应先蹲下，平直上身，然后举起。

（6）走廊或楼梯、工作间照明不良，应马上报告，尽快修理，以免发生事故。

（7）走廊或公共场所放置的工作车、吸尘器、洗地毯机等应尽量放置在过道旁边，注意有否电线绊脚。

（8）家具表面上或地面上如有尖钉，须马上拔去。

（9）所有玻璃窗和镜子，如发现破裂，须马上报告，立即更换，未及时更换的，须用强力胶纸压下以防有划伤人的危险。

（10）发现松动的桌椅，须尽快修理。

（11）不可赤手伸进垃圾桶，须戴手套，并小心操作，以防被玻璃碎片、刀片等刺伤。

4. 如何进行自我安全防护

客房服务员绝大多数是女性，在工作中还要有自我防护意识，对客人既要彬彬有礼、热情主动，又要保持一定的距离。客人召唤入房时，要将房门大开，对客人关门要保持警惕，客人邀请时不要坐下，更不要坐在床上；尽量找借口拒绝客人邀请出外；不要轻信和陶醉在客人的花言巧语中而失去警戒。下班后不得到客人房间串门，客人要求合影时要尽量拒绝，实在盛情难却时也要拉上几个同事一起照；发生被客人耍流氓的事时要高声呼喊，尽力反抗；摆脱不了客人的纠缠时可按报警铃求救。当客人与你纠缠时，作为服务员不应以任何不耐烦、不礼貌的言行冲撞客人，要想办法摆脱。当班的同事应主动配合，让被纠缠的同事干别的工作，避开客人的纠缠。当一个人在服务时，如不能离开现场，应运用语言艺术婉言摆脱客人的纠缠，如"实在对不起，如果没有什么事的话，我还要干别的工作，请原谅"。然后借故在服务台附近找一些工作干，如吸尘、搞服务台卫生等。一方面可照顾服务台，另一方面可摆脱客人的纠缠。如果这些办法都无效，可找班长派一个人来服务台，自己借口要做其他工作暂时离开。

模块四

餐厅实训

实训项目一： 托盘实训

托盘是餐饮服务人员为客人服务时最为重要的服务工具，托盘也是每位餐厅服务人员在服务时必须要掌握的一项基本技能。在餐饮服务中使用托盘来装运、递送各种不同的物品，体现了餐厅服务规范化、程序化的要求，而且还有利于提高服务质量，使餐厅服务朝高档次、高规格发展。不仅如此，在餐饮服务中广泛使用托盘，还起着讲究卫生，讲究礼貌、礼节的作用。所以，要求餐厅服务员一定要做到"送物不离盘"，也就是不论运送何种物品，都应使用托盘，而不应直接用手接触物品。因此，作为餐饮服务人员就必须下功夫练好托盘这一项基本功。

一、实训目的

要求学生通过托盘实训，熟练掌握餐厅托盘的服务技能。

二、实训时间

实训授课 1 学时，共计 45 分钟。其中，示范讲解 10 分钟，学员操作 30 分钟，考核测试 5 分钟。

三、实训准备

实训场地准备：模拟客房。
实训用品准备：大、中、小、圆形、长方形、异形各种规格托盘。
仪容仪表准备：与课人员身着职业装，女生化淡妆、盘发。

四、实训方法

由老师进行示范，然后 6 人一组，每人分别进行实际操作。

五、实训标准

1. 理盘
将要用的托盘先洗净擦干，以避免托盘内的物品滑动。

2. 装盘
根据物品的形状、重量、体积和使用的先后顺序合理装盘，一般是重物、高物放在里面，先用的物品放在上面，后用的物品放在下面。

3. 托送
（1）轻托：左手臂自然弯成 90 度角，掌心向上，五指分开，用手指和掌托住盘底，掌心不与盘底接触，平托于胸前；行走时，要头正肩平，注视前方，脚步轻捷，托盘的手腕要轻松灵活，使托盘在胸前随着走路的节奏自然摆动，但托盘上下摆的幅度不可过大。

（2）重托：五指分开，用手掌托住盘底，掌握好重心；用另一只手护持，将盘托起到胸前，向上转动手腕，使托盘稳托于肩上；托送时，要平稳轻松，要保持盘平、肩平、头正、身直，保证托盘不晃动，身体不摇摆。

六、实训内容

托盘依形状有大、小、方、圆之分，其质料有木质、金属等。圆形托盘，直径在 30 至 45 厘米之间，通常向客人提供食物、饮料杯等，香烟、火柴等物品的供应与撤除时，使用小圆托盘盛装，以示慎重。用左手托盘，右手在客座取物，按照规定的方向服务。

长方形及正方形托盘，是把较重的菜肴从厨房搬运到餐厅，或把脏的餐具撤回厨房清洗，由于物品较重可以双手端着托盘行动。或物体过多，可考虑使用托盘架和手推车，作为搬运过多或过重的餐具辅助之用。

1. 托盘的操作

托盘以左手托取，手掌平伸，拇指向左，四指分向前平托，用右手握住盘的右缘，并保持平衡。运行时持较重的托盘，左手指可转向后，把盘缘托在肩膀上以保持平稳。走动时以左行为原则，耳眼反应要灵敏，脚步要稳健；用左手托盘右手护着。

（1）大多数的门皆朝右开启，需用右手推或以脚踢开，因此通常用左手托盘。门开启后可能会很快地反弹回来，若是以左手持盘便易于发现且右手可行阻拦，当抵达服务台时，右手在必要时可清理服务台，以便放下食具盘。

（2）搬运托盘需高于坐客头顶，当无妨碍视野的顾虑时，以左手平于肩部位置，注意与头发保持距离，并用右手稳住其角边。

（3）练习搬运托盘的正确方法。不正确的持法会令肩部肌肉及臂部抽筋。因此服务人员学会了用手托盘的方法，在餐厅工作起来会既运用自如又安全。

2. 供餐使用托盘

（1）从厨房搬出菜肴时，注意托盘的清洁，可在托盘上铺一层干净的餐巾，以防止餐盘具滑移，且有美观功用。

（2）较大及较重的盘碗置于中央部位，较小物件可靠边放置。所有物件需均衡摆置，以免携带时滑落或颠落。

（3）当盛有液体的餐盘装于托盘时，切不可置于托盘边，应放置在中央位置。

（4）装有汁液盘或盛肉汁、酱油碟须平稳置于食具盘上。冷热食盘不可使其触碰。

（5）茶壶及咖啡壶不可注装过满，以免溢出，其壶嘴需朝内，须不朝向装食物的盘碟。

（6）食盘底不可触及其他食盘中的食物。

（7）离开厨房之前，检查托盘，是否所有食物及必须的服务配备皆在其中。食物的放置依服务顺序。

（8）托盘绝对不可置于客人桌上，应先置于边台或托盘架上，再由此上菜。

（9）放置任何食盘在餐桌上时，以四指托在盘缘底部，大拇指夹在盘缘上部。

（10）回厨房时应将不必要的物件带回。

3. 撤移盘碟

（1）服务中除了饮料服务须从右方撤下外，任何菜肴的撤除，盘碟应从左方撤下。

（2）客人未离席，不得清理桌面。清理餐桌时，先把剩菜拨到一个盘中，再收拾大型盘，将盘及大碟置于食具托盘当中，再将小件置于其上。

（3）银器的捡取应持其把柄，所有的把柄以及筷匙应朝同一方向，置放在托盘一边。如此方可避免污手，且于洗碗机处较容易处理。

（4）杯子须持其把柄，再行堆置，玻璃器盘应持其底部，置于有空位的地方，须能使托盘保持平衡。

（5）勿将盘碟堆叠过高，勿将托盘堆过量。

（6）用上菜时相同的方法端运托盘，平稳持盘，并且保持靠左边行走。

（7）将托盘运到洗碗机旁，按所定规矩处理盘碟。

（8）回程时，携带从厨房带回餐厅的任何物品。

子项目一：轻托实训

一、实训目的

通过轻托实训学习，使学生掌握餐饮工作中最基本的一项技能。使用托盘可为餐饮服务工作提供便利，同时可以展现餐饮工作者的文明操作水平。

二、实训时间

实训授课 1 学时，共计 45 分钟。其中，示范讲解 10 分钟，学员操作 30 分钟，考核测试 5 分钟。

三、实训准备

实训场地准备：模拟餐厅。

实训用品准备：圆托盘若干、装满水的啤酒瓶若干、装满水的饮料瓶若干、装满水的易拉罐若干、装满水的白酒瓶若干、秒表等。

仪容仪表准备：与课人员身着职业装，女生化淡妆、盘发。

四、实训方法

由老师进行示范，然后 6 人一组，每人分别进行实际操作。

五、实训内容

轻托又叫胸前托，通常使用中、小圆托盘或小方托盘上酒、上菜。因为盘中运送的物品重量较轻，一般在 5 公斤以内，所以称这种方法为"轻托"。又因盘子平托于胸前，所以又称为"平托"或"胸前托"。

1. 轻托的操作程序与方法

（1）理盘：选择合适的托盘，将托盘洗净擦干，在盘内垫上用盘巾，铺平拉直，盘巾的四边与盘底对齐，力求美观整洁。为避免盘内的物品滑动，也可将盘巾适当蘸些水，使盘巾半干半湿。

（2）装盘：根据所盛物品的形状、体积、重量以及先后使用顺序合理安排，注意所有物品要平均且重量平衡地摆在托盘上，以便安全稳妥，便于运输。一般应将重物、高物放于身体的内侧，这样易于掌握托盘重心。随后将轻物、低物或先派用的物品装在盘的外侧，使盘内物品分布得体，方便自己的服务工作。这样既稳妥又可避免盘面过多的转动，或右手在交叉取物时可能造成的自身碰撞。用圆托盘时，码放物品应呈圆形，用方托盘时横竖成行。但两者的重心应在托盘的中心部分，摆匀放均。

（3）起托：完成装盘后，开始托起行走。托盘从桌面起托时应保持正确的姿势，注意手脚身体的配合动作。先将左脚向前一步，站立成弓步形。上身向左、向前倾斜，左手与托盘持平，用右手将托盘拉出桌面 1/3，然后按轻托要领将左手伸进盘底，左手托起托盘，右手可帮助一下，待左手掌握重心后应将右手放开。同时左脚收回一步，使身体成站立姿势。

（4）行走：指服务员托起托盘走动时的行走动作。头正肩平，上身挺直，注视前方，脚步轻缓，动作敏捷，步伐稳健，行走自如，使托盘随走动的步伐自然摆动。还应特别注意在为客人服务的过程中使持托盘的左手离上身有一定间距，千万不能紧贴上身。因为人体在走动时有轻微的摇动，如果托盘随着左右摇动就会使托盘中的物品产生滑动，或使菜汁、汤水外溢，而且会让人感到托盘姿势不优美。

托盘行走时有以下五种步伐：

① 常步：步履均匀而平缓，快慢适当。适用于餐厅日常服务工作。

② 快步（疾行步）：较之常步，步速要快一些，步距要大一些，但应保持适宜的速度，不能表现为奔跑，否则会影响菜形或使菜肴发生意外的泼洒。端送火候菜或急需物品时，在保证菜不变形、汤不洒的前提下，以最快的速度走路。

③ 碎步（小快步）：步距小而快地中速行走。运用碎步，可以使上身保持平稳，使汤汁避免溢出。适用于端送汤汁多的菜肴及重托物品。

④ 跑楼梯步：身体向前倾，重心前移，用较大的步距，一步跨两个台阶，一步紧跟一步，上升速度快而均匀，巧妙地借用身体和托盘运动的惯性，既快又节省体力。此法适用于托送菜品上楼。

⑤ 垫步（辅助步）：需要侧身通过时，右脚侧一步，左脚跟一步。当餐厅员工在狭窄的过道中间穿行时或欲将所端物品放于餐台上时应采用垫步。

（5）落托：当物品送到餐厅时，小心地放在一个选择好的位置，双手将托盘端至桌前，放稳后再取物品，从托盘两边交替拿下。在落托盘时，一要慢，二要稳，三要平。左手转掌落托盘时，要用右手协助。待盘面与台面平等时，再用左臂或左手将盘向前推进，落托动作结束后应及时将盘内物品整理好。

①如果所托物品较轻，可以用右手将物品从托盘中取下来递给客人。物品取走部分之后，餐厅员工应及时用右手对托盘位置或盘中物品进行调整，使托盘保持平衡。

②如果托送的物品较为沉重时，餐厅员工可以将托盘放在邻近的桌面或菜台上，然后将所托物品依次递给客人。

2. 轻托的操作要领

（1）左手托盘，左臂弯曲呈 90°，掌心向上，五指分开。

（2）用手指和掌底托住盘底，掌心不与盘底接触，手掌自然形成凹形，重心压在大拇指根部，使重心点和左手五个指端成为六个力点，利用五个手指的弹性掌握盘面的平衡。切忌用拇指从上方按住盘边，四个手指托住盘底，这种方法不符合操作要求，而且不礼貌。

（3）平托于胸前，略低于胸部，基本保持在第二和第三枚衣扣之间。盘面与左手臂呈直角状，利用左手手腕灵活转向。

（4）托盘行走时头要正，上身保持直立，肩膀放松，不要紧张，集中精神，步伐稳健。

（5）手臂不要贴近身体，也不要过度僵硬。行进时应该与前方人员保持适当的距离，并注意左右两侧，切忌突然变换行进路线或突然停止。

（6）托盘不越过宾客头顶，随时注意托盘内物品数量、重量、重心的变化，手指做出相应的移动。

子项目二：重托实训

一、实训目的

通过重托实训学习，使学生掌握餐饮工作中最基础的一项技能。在餐饮工作中合理使用重托，可为工作中重物的运输提供便利，同时可以展现餐饮工作者的文明操作水平和技巧。

二、实训时间

实训授课1学时，共计45分钟。其中，示范讲解10分钟，学员操作30分钟，考核测试5分钟。

三、实训准备

实训场地准备：模拟餐厅。

实训用品准备：长方形托盘若干、装满水的啤酒瓶若干、装满水的饮料瓶若干、装满水的易拉罐若干、装满水的白酒瓶若干、练习专用空塑料盘碟若干、秒表。

仪容仪表准备：与课人员身着职业装，女生化淡妆、盘发。

四、实训方法

由老师进行示范，然后6人一组，每人分别进行实际操作。

五、实训内容

重托因为以上肩的方式来托送物品所以也叫肩上托，主要用于运送较重的菜点、酒水、盘碟等。重托通常使用大型托盘，运送的物品一般重量在10公斤左右。

1. 重托的操作程序与方法

重托与轻托的操作程序大致相同，在具体方法上略有差别。

（1）理盘：由于重托常用于送菜、送汤和收拾碗碟，一般油腻较多，使用前必须清洁盘面并消毒，铺上洁净的专用盘巾，起到防油、防滑的作用。

（2）装盘：托盘内的物品应分类码放均匀，使物品的重量在盘中分布均匀，并注重把物品按高矮大小摆放协调，切忌将物品无层次地混合摆放，以免造成餐具破损。装盘时还要使物与物之间留有适当的间隔，以免端托行走时发生碰撞而产生声响。重托装汤锅一般能装三只汤锅，在装盘时应将两只汤锅装在近身的一边，另一只汤锅装在外框处，成斜"品"字形，这种方法比较安全。在收拾台面餐具时最好能将物品分门别类地装盘，切忌将所有物品不分大小、形状、种类混装在一个盘内，这样物品容易滑动，或落地打碎。

（3）起托：起托时应先将托盘用右手拉出 1/3，右手扶托盘将托盘托平，双脚分开呈八字形，双腿下蹲，腰部略向前弯曲。左手五指分开，用整个手掌托住托盘的底部，手掌移动找到托盘的重心。掌握好重心后，用右手协助左手向上用力将盘慢慢托起，在托起的同时，左手和托盘在向上向左旋转过程中送至左肩外上方。应做到盘底不搁肩、盘前不靠嘴、盘后不靠发。

（4）行走：行走时，表情轻松自然，步伐不宜过大、过急，盘面应始终保持平衡，防止汤水外溢。右手自然摆动，或扶住盘前角，并随时准备摆脱他人的碰撞。

（5）落托：落托时，左脚向前迈一步，用右手扶住托盘边缘，左手向右转动手腕，同时托盘向右旋转，待盘面从左肩移至与台面平行时，再用左臂和右手向前推进。

重托操作时要求"平、稳、松"。"平"就是在托盘的各个操作环节中要掌握好重心，保持平稳，不使汤汁外溢，行走时盘要平，肩要平，两眼要平视前方。"稳"就是装盘合理稳妥，托盘稳而不晃动，行走时步稳不摇摆。"松"就是动作表情要轻松，面容自然，上身挺直，行走自如。

实训项目二： 餐巾折花实训

餐巾折花是餐前的准备工作之一，主要工作内容是餐厅服务员将餐巾折成各式花样，插在酒杯或水杯内，或放置在盘碟内，供客人在进餐过程中使用。餐巾折花是餐饮服务的重要技能之一，美观的餐巾折花本身就是餐桌上的装饰品，再加上服务人员的优质服务，能够给客人一种招待细致入微的感觉。由于餐巾直接接触客人的手和嘴，因此在卫生程度上要特别注意。当前餐巾折花的趋势是，美观大方，造型简单。因为复杂的餐巾折花不仅费时费力，而且由于多次的折叠接触餐巾，不可避免地会带来卫生问题。

一、实训目的

餐巾折花，是最基础也是最能体现餐饮工作者个人技术特色的一项技能。通过餐巾折花实训学习，使学生能够熟练掌握餐巾折花的 7 种基本手法。

二、实训时间

实训授课 1 学时，共计 45 分钟。其中，示范讲解 10 分钟，学员操作 30 分钟，考核测试 5 分钟。

三、实训准备

实训场地准备：模拟餐厅。
实训用品准备：干净餐巾若干、干净筷子两根以上、光面托盘一个。
仪容仪表准备：与课人员身着职业装，女生化淡妆、盘发。

四、实训方法

由老师进行示范，然后 6 人一组，每人分别进行实际操作。

五、实训标准

餐巾具有实用和装饰美化的作用，是餐桌重要装饰工作之一。折叠餐巾虽然是平凡的事，要折得好折得快，还是需要虚心学习餐巾折叠的方法，使其艺术化且速度增快，以增加摆桌的工作效率。

1. 基本要求
（1）简化折叠方法，减少反复折叠次数。
（2）餐巾花造型美观、颜色和谐。

2. 注意事项
（1）操作前要洗手消毒。
（2）在干净卫生的托盘或服务桌上操作。

（3）操作时不允许用嘴叼、口咬。

（4）放花入杯时，要注意卫生，手指不能接触杯口。

（5）了解客人对餐巾花款式的禁忌。

3. 基本方法

（1）推折：在打折时，两个大拇指相对成一线，指面向外，食指或中指向后拉折，并用食指将打好的折挡住，中指控制好下一个折的距离。

（2）折叠：将餐巾一折为二，二折为四或者折成三角形、长方形等其他形状；折叠前算好角度，一次折成。

（3）卷：直卷时，餐巾两头一定要卷平；螺旋卷可先将餐巾折成三角形，餐巾边应参差不齐。不管是直卷还是螺旋卷，餐巾都要卷紧。

（4）翻拉：翻拉大多用于折花鸟，操作时，一手拿餐巾一手将下垂的餐巾翻起一个角，拉成花卉或鸟的头、颈、翅膀、尾巴等。翻拉花卉的叶子时，要注意对称的叶子大小一致，距离相等；翻拉鸟的翅膀、尾巴或头颈时，一定要拉挺，不要软折。

（5）捏：捏的方法主要用于折鸟的头部，操作时，先将鸟的颈部拉好（鸟的颈部一般用餐巾的一角）。然后用一只手的大拇指、食指、中指三个指头，捏住鸟颈的顶端，食指向下，将餐巾一角的顶尖向里压下，大拇指和中指将压下的角捏出尖嘴。

（6）穿：使用筷子辅助，筷子要光滑，牵拉要均匀。穿好的褶裥要平、直、细小、均匀。遇到双层穿裥时，如"孔雀开屏"，一般应先穿下面，再穿上面，这样两层之间的折裥不易被挑出散开，造型饱满，富有弹性，更加逼真美观。

4. 折叠方法

餐巾的颜色与大小应与台布配合，早餐可以用花格、颜色与普通手帕相似的餐巾，多为32.5～45厘米，折叠简单或折成帐篷式即可。午餐和晚餐的餐巾以白色为主或其他一种颜色的，质料要用硬度的亚麻布，尺寸较大为60厘米，如太软或小了就折叠不成型。这里介绍几种餐巾的折叠方法：

（1）帐篷型

适合早餐或快餐用的餐巾，因为它是最简单的叠法。可用32.5厘米的餐巾，折法：一手折叠餐巾，另一手推叠餐巾。先把叠角置于左上角，然后把两角对折，成为一个三角形；第二个动作是把右拇指按着三角形底边中心的上端，叠成一个帐篷型的餐巾。把帐篷的开口或尾尖部分向着客人。

（2）卷边帽型

卷边帽型也是适合便餐用的餐巾，叠法简单，先把长方形餐巾对叠，然后把右三分之一部分向左重叠；剩余部分往下卷成一个圆锥形帽子，然后把左右两角往上折。

（3）尖帽型。

尖帽型是适合便餐用的餐巾。叠法简单，先把方形餐巾，对角折成三角形；然后把左右3/4部分重折成尖形；再把面前的一角折起来；后面向后方上折拉平即成。

（4）僧帽型。

这是餐厅中常见的一种餐巾折法，样式大方，折叠容易。先把方形餐巾对折成长方形；第二步是折成菱形；第三步是把菱形中横折成山形；第四步是把左下角折压在右上角下；再翻过来把右下角折压在左上角下；在下方开口处平均分开，即成僧帽型。

（5）主教帽型。

把餐巾叠为三角形；把左右尖端向顶点叠；把上端向下叠，其上下两个顶点距离相等；把上面的三角形向上叠；翻过来，左右两个尖端重叠，一尖端插入另一尖端；再翻过来，并把它竖立起来，像一个主教帽子。

（6）折扇型。

把餐巾向内二折，第一折的上端与第二折的上端距离约 6 厘米；从左起打折，每一折的宽度约 4 厘米；用夹子把下端固结，然后把上端张开，成为个折扇。放置在盘中或杯中均可。

（7）鱼尾型。

这种形状的餐巾折成后放在玻璃杯中或盘上均可。折法，先把方巾对折成三角形，再折二次，而后左右交叉折成鱼尾型即可。

（8）花瓣型。

先把方餐巾对折二次四层方形，再把每层向上折四层，而后将背部折成柱形，置于杯中。

（9）卷筒型。

这种卷筒型适用小餐巾折叠，只要把餐巾直接折起来成圆筒，在中间腰部对折后置于杯中即成。

（10）蜡烛型。

这种蜡烛型适用小餐巾折叠，先把餐巾对角线折一次成三角形，再把下部向上折一小块，而后卷成结实的柱形，在底部扎紧即成，可放置于水杯中。

六、实训内容

1. 餐巾的作用

餐巾又名口布，是餐厅中常备的一种卫生用品，又是一种装饰美化餐台的艺术品。餐巾的主要作用有以下几方面。

（1）餐巾是餐饮服务中的一种卫生用品。宾客用餐时，餐厅服务员将餐巾放在宾客的膝上或胸前，餐巾可用来擦嘴或防止汤汁、酒水弄脏衣物。

（2）餐巾可以装饰美化餐台。不同的餐巾花形，蕴含着不同的宴会主题。形状各异的餐巾花摆放在餐台上，既美化了餐台，又增添了庄重热烈的气氛，给人以美的享受。

（3）餐巾花形可以烘托就餐气氛。如用餐巾折成喜鹊、和平鸽等花形表示欢快、和平、友好，给人以诚悦之感；如折出比翼齐飞、心心相印的花形送给一对新人，可以表示出永结同心、百年好合的美好祝愿。

（4）餐巾花形的摆放可标出主宾的席位。在折餐巾花时应选择好主宾的花形，主人花形高度应高于其他花形高度以示尊贵。

2. 餐巾的种类

（1）按质地分：餐巾可分为棉织品和化纤织品。棉织品餐巾吸水性较好，去污力强，浆熨后挺括，造型效果好，但折叠一次，效果才最佳。化纤织品色泽艳丽，透明感强，富有弹性，如一次造型不成，可以二次造型，但吸水性差，去污力不如棉织品。

（2）按颜色分：餐巾颜色有白色与彩色两种。白色餐巾给人以清洁卫生、恬静优雅之感。它可以调节人的视觉平衡，可以安定人的情绪。彩色餐巾可以渲染就餐气氛，如大红、粉红餐巾给人以庄重热烈的感觉；橘黄、鹅黄色餐巾给人以高贵典雅的感觉；湖蓝在夏天能给人以凉爽、舒适之感。

3. 餐巾折花造型种类

餐巾折花的造型和种类很多，技法也各不相同。作为餐厅服务员要掌握餐巾折花的基本造型和折叠技法。

（1）按摆放方式，可分为杯花和盘花两种。杯花属于中式花型，需插入杯中才能完成造型，出杯后花形即散。由于折叠成杯花后，在使用时，餐巾平整性较差，也容易造成污染，所以目前杯花已较少使用，但作为一种技能，仍在餐厅服务中存在。盘花属于西式花型，造型完整，成型后不会自行散开，可放于盘中或其他盛器及桌面上。因盘花简洁大方，美观适用，所以盘花应用日益广泛。

（2）按餐巾花外观造型，可分为植物、动物、实物三种。植物类花形是根据植物花形造型，如荷花、水仙等。也有根据植物的叶、茎、果实造型的，如竹笋、玉米等。动物类花形包括鱼、虫、鸟、兽，其中以飞禽为主，如白鹤、孔雀、鸵鸟。动物类造型有的取其整体，有的取其特征，形态逼真，生动活泼。实物类花形是指模仿日常生活用品中各种实物形态折叠而成，如帽子、折扇、花篮等。

4. 餐巾折花造型的选择

（1）根据宴会的规模选择花型。大型宴会可选择简洁、挺括的花型。可以每桌选两种花型，使每个台面花型不同，台面显得多姿多彩。如果是1～2桌的小型宴会，可以在一桌上使用各种不同的花型，也可以两到三种花型相间搭配，形成既多样又协调的布局。

（2）根据宴会的主题选择花型。宴会因主题各异，形式不同，所选择的花型也不同。

（3）根据季节选择花型。选择富有时令特点的花型以突出季节的特色，也可以有意地选择象征一个美好季节的一套花型。

（4）根据宗教信仰选择花型。如果是信仰佛教的，勿叠动物造型，宜叠植物、实物造型。信仰伊斯兰教的，勿用猪的造型等。

（5）根据宾客风俗习惯选择花型。如日本人喜樱花、忌用荷花，美国人喜山茶花，法国人喜百合花，英国人喜蔷薇花等。

（6）根据宾主席位选择花型。宴会主宾、主人席位上的花称为主花。主花一般选用品种名贵、折叠细致、美观醒目的花，达到突出主人、尊敬主宾的目的。如在接待国际友人的宴会上，叠和平鸽表示和平，叠花篮表示欢迎，为女宾叠孔雀表示美丽，为儿童叠小鸟表示活泼可爱，使宾主均感到亲切。

总之，要根据宴会主题设计折叠不同的餐巾花。要灵活掌握，力求简便、快捷、整齐、美观大方。

5. 餐巾折花的基本技法

餐巾具有实用及装饰美化作用，在摆台上是餐桌的重要装饰。餐巾折花的基本技法有叠、折、卷、穿、翻、拉、捏、掰等。餐厅服务员应反复练习，达到技艺娴熟，运用自如，以增加摆台的工作效率和艺术性。

（1）叠：叠是最基本的餐巾折花手法，几乎所有的造型都要使用。叠就是将餐巾一折为二，二折为四，或折成三角形、长方形、菱形、梯形、锯齿形等形状。叠有折叠、分叠两种。叠时要熟悉造型，看准角度一次叠成。如有反复，就会在餐巾上留下痕迹，影响挺括。叠的基本要领是找好角度一次叠成。

（2）折：折是打褶时运用的一种手法。折就是将餐巾叠面折成褶裥的形状，使花形层次丰富、紧凑、美观。打褶时，用双手的拇指和食指分别捏住餐巾两头的第一个褶裥，两个大拇指相对成一线，指面向外。再用两手中指接住餐巾，并控制好下一个褶裥的距离。拇指、食指的指面握紧餐巾向前推折至中指外，用食指将推折的褶裥挡住。中指腾出去控制下一个褶裥的距离，三个手指如此互相配合。折可分为直线折和斜线折两种方法，两头一样大小的用直线折，一头大一头小或折半圆形、圆弧形的用斜线折。折的要领是折出的褶裥均匀整齐。

（3）卷：卷是用大拇指、食指、中指三个手指相互配合，将餐巾卷成圆筒状。卷分为直卷和螺旋卷。直卷有单头卷、双头卷、平头卷。直卷要求餐巾两头一定要卷平。螺旋卷分两种，一种是先将餐巾叠成三角形，餐巾边参差不齐；另一种是将餐巾一头固定卷另一头，或一头多卷另一头少卷，使卷筒一头大，一头小。不管是直卷还是螺旋卷，餐巾都要卷得紧凑、挺括，否则会因松软无力、弯曲变形而影响造型。卷的要领是卷紧、卷挺。

（4）穿：将餐巾先折好后攥在左手掌心内，用筷子一头穿进餐巾的褶缝里，然后用右手的大拇指和食指将筷子上的餐巾一点一点向后拨，直至把筷子穿出餐巾为止。穿好后先把餐巾花插入杯子内，然后再把筷子抽掉，否则容易松散。根据需要，一般只穿1～2根筷子。穿的要领是穿好的褶裥要平、直、细小、均匀。

（5）翻：翻大多用于折花鸟造型。操作时，一手拿餐巾，一手将下垂的餐巾翻起一只角，翻成花卉或鸟的头颈、翅膀、尾等形状。翻花叶时，要注意叶子对称，大小一致，距离相等。翻鸟的翅膀、尾巴或头颈时，一定要翻挺，不要软折。翻的要领是注意大小适宜，自然美观。

（6）拉：拉一般在餐巾花半成形时进行。把半成形的餐巾花攥在左手中，用右手拉出一只角或几只角来。拉的要领是大小比例适当，造型挺括。

（7）捏：捏主要用于折鸟的头部造型。操作时先将餐巾的一角拉挺做颈部，然后用一只手的大拇指、食指、中指三个指头捏住鸟颈的顶端，食指向下，将巾角尖端向里压下，用中指与拇指将压下的巾角捏出尖嘴状，作为鸟头。捏的要领是棱角分明，头顶角、嘴尖角到位。

（8）掰：将餐巾做好的褶用左手一层一层掰出层次，成花蕾状。掰时不要用力过大，以免松散。掰的要领是层次分明，间距均匀。

6. 餐巾折花示例

（1）非洲香蕉（如图4-1所示）：将餐巾沿对角线折叠成等边三角形。将三角形的两底角向顶角折叠，折成正方形。将下面的角向上翻折至离顶角有一小段距离。将刚折上来的角往下翻折至底边中心。用左手将翻折下的顶角固定在底边中心，然后准备翻面。一手按住三角形，另一手将一边底角向中间折入约底边长的三分之一。同样处理另一边的角。两个折起的角是可以插到一起的。右手四指插入底部将之撑成圆筒形，然后把两边露出的小角往下翻，整理成型。

 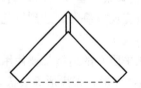 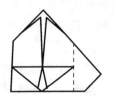 

图4-1

（2）牡丹花鲜（如图4-2所示）：

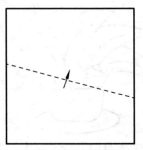

① 将底边微斜向上对折。

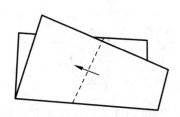

② 从右边左对折，使 4 个巾角重合。

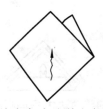

③ 从底角向上均匀捏折。

④ 将两边向下对折。

⑤ 先将顶端一层层地依次翻开，再打开底座。

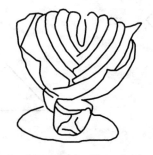

⑥ 放入盘中，整理成形。

图 4-2

（3）卧鸽（如图 4-3 所示）：

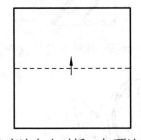

① 将底边向上对折，与顶边对齐。

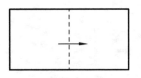

② 从左向右对折。

③ 将右顶角处的 4 个巾角依次向后错折，
间距 1 厘米左右。

④ 先将外层巾角两边向中间折，
做成鸟头，再将底脚折上，压中颈部。

⑤ 将两边巾角向后折，
一巾角插入另一巾角的夹层中。

⑥ 将 3 个巾角一起向后折。

⑦ 放入盘中，折下鸟头，
整理成形。

图 4-3

（4）含苞欲放（如图 4-4 所示）：

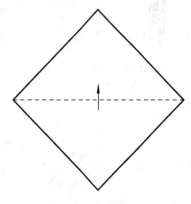

① 将底角向上对折，与顶角对齐。

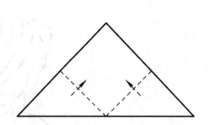

② 将底边两角向顶角对折。

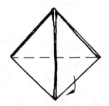 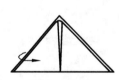

③ 从中间处向后折。　④ 将左边向中间折拢。　⑤ 右边也向中间折，并将巾角插入左边夹层中。

⑥ 翻开后面两巾角做叶。

⑦ 放入盘中，整理成形。

图 4-4

（5）金鱼（如图 4-5 所示）：

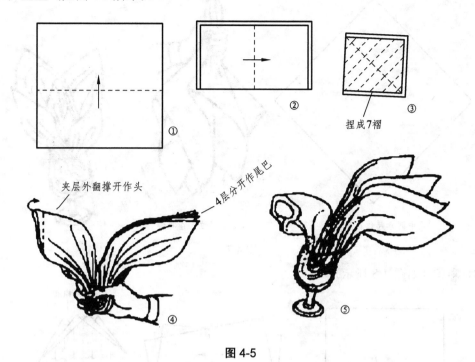

图 4-5

（6）翼尾鸟（如图 4-6 所示）：

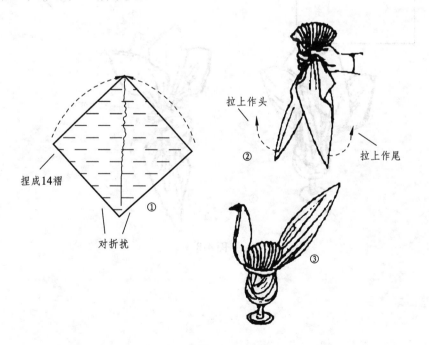

图 4-6

（7）金钟花（如图 4-7 所示）：

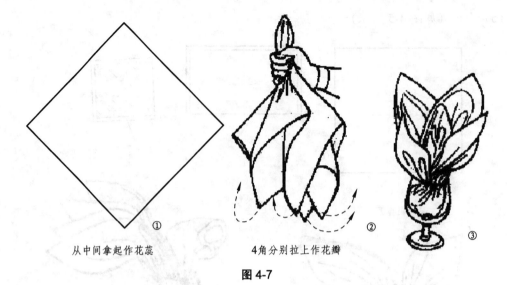

从中间拿起作花蕊   4角分别拉上作花瓣

图 4-7

（8）彩凤（如图 4-8 所示）：

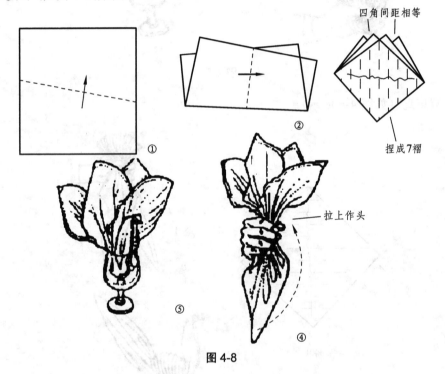

图 4-8

实训项目三： 摆台实训

餐台是餐厅为客人提供服务的主要服务设施之一，餐台的布置称为摆台，是将餐具、酒具以及辅助用品按照一定的规格整齐美观地铺设在餐桌上的操作过程。包括铺台布、餐台排列、席位安排、餐具摆放等。摆台要求做到清洁卫生、整齐有序、各就各位、放置得当、方便就餐、配套齐全。这样既可以保证用餐环境的方便舒适，又可以给就餐的客人以良好的心境感受，创造一个温馨舒适的就餐环境。摆台在日常的餐饮工作中大致分为中餐摆台和西餐摆台，中西餐摆台又可以分为零点便餐摆台和宴会摆台。

子项目一： 铺台布实训

铺台布是摆台工作的第一个步骤，台布铺设是将台布舒适平整地铺在餐桌上的过程。各式各样的餐厅经营的类别与模式不同，选用的台布材质、造型、花色等都有所不同，不同的餐台可采取不同的铺设方法。

一、实训目的

通过铺台布的实训，使学生掌握餐饮服务工作中必须掌握的一项技能。由于在餐饮工作中使用的台形有所差别，铺台布的方法也分为推拉式和撒网式两类。

二、实训时间

实训授课 1 学时，共计 45 分钟。其中，示范讲解 10 分钟，学员操作 30 分钟，考核测试 5 分钟。

三、实训准备

实训场地准备：模拟餐厅。
实训用品准备：220 厘米×220 厘米规格的台布若干张，餐桌、转盘若干。
仪容仪表准备：与课人员身着职业装，女生化淡妆、盘发。

四、实训方法

由老师进行示范，然后 6 人一组，每人分别进行实际操作。

五、实训标准

1. 检查

在铺桌布之前，要认真细致地对每块桌布进行检查，如桌布有破损或有污迹，要更换。

2. 铺桌布

（1）圆桌：铺圆桌布时服务员应站在主位左侧或右侧 1/4 周长的位置上，先抖桌布，然后进行桌布定位，再抚平桌布。做到用力均匀，动作熟练，干净利落，一次到位。

（2）长桌：铺长桌布一般由两个以上服务员共同完成。铺桌布时服务员分别站在餐桌的两侧，将第一块桌布定好位，然后按要求依次将桌布铺完。

（3）基本要求。

①圆桌：桌布正面向上，中心线对准主宾位置，十字中心点居桌中，做到舒展平整，四边下垂部分均匀。

②长桌：桌布正面一律向上，桌布之间中心线要对正，接缝之间要相吻合，桌布之间的压口方向朝内，距离一致。桌布两侧下垂部分要均匀，做到美观整齐。

六、实训内容

1. 圆台铺台布方法

圆台铺台布的常用方法有三种：

（1）推拉式。

服务员选好台布，站在副主人座位处，用双手将台布打开后放至餐台上，用两手的大拇指和食指分别夹住台布的一边，其余三指抓住台布，将台布贴着餐台平行推出去再拉回来。铺好的台布中间的折线对准主位，十字取中，四面下垂部分对称，并且遮住台脚的大部分，台布自然下垂至餐椅边为最适合。这种铺法多用于零餐餐厅或较小的餐厅，或因有客人就座于餐台周围等候用餐时，或在地方窄小的情况下，均可选用这种推拉式的方法进行铺台。

（2）抖铺式。

服务员选好台布，站在副主人位置上，用双手将台布打开，用两手的大拇指和食指分别夹住台布的一边，其余三指将多余台布提拿于胸前，身体呈正位站立式，利用双腕的力量，将台布向前一次性抖开并平铺于餐台上。这种铺台方法适合于较宽敞的餐厅或在周围没有客人就座的情况下进行。

（3）撒网式。

服务员在选好合适台布后，站在副主人的位置，呈右脚在前、左脚在后的站立姿势，将台布正面朝上打开，用两手的大拇指和食指分别夹住台布的一边，其余三指将多余台布提拿至左肩后方，上身向左转体，下肢不动并在右臂与身体回转时，将台布斜着向前撒出去，将台布抛至前方时，上身转体回位并恢复至正位站立，这时台布应平铺于餐台上。这种铺台方法多用于宽大场地或技术比赛场合。

2. 方台和长台铺台布方法

西餐一般多用方台和长台。普通方台台布的铺设可以参照圆台台布的铺设方法。较长的餐台，台布一般由两个人合铺，需要几块台布拼铺在一起。服务员可以从餐台一端铺起，直到另一端。两个人分别站在餐台两侧铺设台布。铺设时，台布与台布之间的折缝要吻合，连成一线。铺好的台布要做到折缝居中，平挺无皱，两端和两侧下垂部分都对边相等。

子项目二：中餐便餐摆台实训

一、实训目的

通过中餐便餐摆台的实训学习，使学生掌握餐饮服务工作中较复杂的一项综合技能，以求在餐饮工作中正确、规范地进行中餐便餐摆台，既可为餐饮工作打下良好的基础，同时又可展现餐厅布置的特有风采。

二、实训时间

实训授课 1 学时，共计 45 分钟。其中，示范讲解 10 分钟，学员操作 30 分钟，考核测试 5 分钟。

三、实训准备

实训场地准备：模拟餐厅。

实训用品准备：餐台、餐椅、备餐柜、防滑托盘、餐巾、台布、骨碟、勺、白酒杯、葡萄酒杯、水杯、筷子、筷架、烟灰缸、牙签盅、花瓶、盆花等。

仪容仪表准备：与课人员身着职业装，女生化淡妆、盘发。

四、实训方法

由老师进行示范，然后 6 人一组，每人分别进行实际操作。

五、实训知识

（1）餐碟：又称为骨盘，主要用途是盛装餐后的骨头和碎屑等，在中式餐台摆台时也起到定位作用。

（2）筷子：以材质分种类很多，有木筷、银筷、象牙筷等。

（3）筷架：用来放置筷子，可以有效提高就餐规格，保证筷子更加清洁卫生。有瓷制、塑胶、金属等各种材质，造型各异。

（4）汤匙：一般瓷制小汤匙（调羹）放在汤碗中，而金属长把汤匙或者是大瓷汤匙一般用作宴会的公用勺，应该摆放在桌面的架上。

（5）汤碗：专门用来盛汤或者吃带汤汁菜肴的小碗。

（6）味碟：中餐特有的餐具，用来为客人个人盛装调味汁的小瓷碟。

（7）杯子：包括瓷制的茶杯和玻璃制的酒杯等。

（8）转台：适用于多数人就餐的零点餐或者是宴会的桌面，方便客人食用菜品，一般有玻璃和木质。

（9）其他：根据不同餐饮企业的要求，桌面上可能会添加其他东西，如烟灰缸、调味瓶、牙签盅、花瓶、台号、菜单等。

六、实训标准

1. 摆台准备

（1）洗净双手，准备各类餐具、玻璃器具、台布、口布或餐巾纸等。

（2）检查餐具、玻璃器具等是否有损坏、污迹及手印，是否洁净光亮。

（3）检查台布、口布是否干净，是否有损坏、皱纹。

（4）检查调味品及垫碟是否齐全、洁净。

2. 铺台布

按圆桌铺台布方法铺好桌布。台布中缝居中，对准主位，四边下垂长短一致，四角与桌脚成直线垂直。

3. 摆餐椅

(1) 4 人桌，正、副主位方向各摆 2 位。采取十字对称法。

(2) 6 人桌，正、副主位方向各摆 1 位，两边各摆 2 位。采用一字对中，左右对称法。

(3) 8 人桌，正、副主位方向各摆 2 位，两边各摆 2 位。采用十字对中，两两对称法。

(4) 10 人桌，正、副主位方向各摆 3 位，两边各摆 2 位。采用一字对中，左右对称法。

(5) 12 人桌，正、副主位方向各摆 3 位，两边各摆 3 位。采用十字对中，两两相间法。

4. 上转盘

8 人以上桌面须摆转盘，并套上转盘布罩。转盘与餐桌成同圆心。

5. 摆餐具

(1) 摆餐碟。餐碟摆在离桌边 1 厘米处，各餐碟之间距离相等。

(2) 摆汤碗、汤匙。汤碗摆在餐碟前面的左侧，相距 1 厘米；汤匙摆在汤碗上，匙柄向右。

(3) 摆筷子、筷子架。筷子架横摆在餐碟右边，距汤碗 1 厘米；筷子垂直于筷子架横摆放，筷子靠桌边的一端与桌边线距离 1.5 厘米。另外，牙签袋摆在餐碟右边，字面向上。

(4) 水杯摆在汤碗正前方，间距为 1 厘米。

(5) 折好餐巾花摆在餐碟上，餐巾花正面朝转盘。

(6) 摆烟灰缸、牙签筒、调味架、花瓶、台号牌。花瓶摆在转盘中央，台号牌摆在花瓶边。

七、实训内容

中餐便餐摆台多用于零点散客，或者是团体包桌，其餐台常使用小方台或者小圆桌，没有主次之分。客人在进餐前放好各种调味品，按照座位摆好餐具，餐具的多少，可以根据当餐的菜单要求而定。

便餐摆台基本要求如图 4-9 所示：

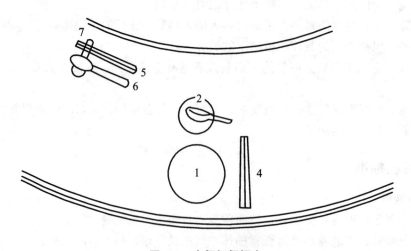

图 4-9 中餐便餐摆台

1. 餐碟　2. 汤碗　3. 调羹　4. 筷子　5. 公筷　6. 公用勺　7. 筷架

（1）台布铺设要整洁美观，符合餐厅的要求。

（2）餐碟摆放于座位正中，距离桌边 1 厘米左右，约一指宽。

（3）汤碗与小汤匙应该一起摆在餐盘前 1 厘米左右的地方。

（4）筷子应该位于餐碟的右侧，距离桌边一指宽。

子项目三：中餐宴会摆台实训

一、实训目的

通过中餐宴会摆台的实训学习，使学生掌握餐饮服务工作中要求最严格，也是最复杂的一项综合技能。在餐饮工作中正确规范地摆设台面，既可为工作打下良好的基础，同时又可展现餐饮工作者的综合操作技能水平。

二、实训时间

实训授课 3 学时，共计 135 分钟。其中，每课时示范讲解 10 分钟，学员操作 30 分钟，考核测试 5 分钟。

三、实训准备

实训场地准备：模拟餐厅。

实训用品准备：餐台、餐椅、备餐柜、防滑托盘、餐巾、台布、骨碟、勺、白酒杯、葡萄酒杯、水杯、筷子、筷架、烟灰缸、牙签盅、花瓶、盆花等。

仪容仪表准备：与课人员身着职业装，女生化淡妆、盘发。

四、实训方法

由老师进行示范，然后 6 人一组，每人分别进行实际操作。

五、实训知识

1. 摆台准备

（1）洗净双手。

（2）领取各类餐具、台布、口布、台裙、转盘等。

（3）用干净的布擦亮餐具，各种玻璃器具，要求无任何破损、污迹、手印，洁净光亮。

（4）检查台布、口布、台裙是否干净，是否有皱纹、小洞、油迹等，不符合要求应另外调换。

（5）洗净所有调味品瓶及垫底的小碟，重新装好。

（6）口布折花。

2. 铺桌布

按铺圆桌布方法铺好桌布。

3. 围桌裙

台布铺好后，顺桌沿将台裙按顺时针方向用按针或尼龙搭扣固定在桌沿上即可。桌裙下垂部分要舒展自然，不可过长拖地，也不可过短而暴露出桌脚。桌裙围挂时做到绷直、挂紧、围直，注意接缝处不能朝向主要客人。

4. 摆椅

根据中式零点正餐摆桌方法摆好餐椅。

5. 上转盘

在桌上摆转盘。

6. 摆餐具

首先应以餐台上的台布中线为标准定位，然后对准中线摆放餐碟。先在中线两端各放一只，再在中线两侧均匀地各放四只餐碟。餐碟右边摆放筷架与筷子（筷子应放入筷套），餐碟下沿与筷子一端成一直线，距离桌边约 1 厘米；餐碟右上方摆放水杯、红酒杯、白酒杯；餐碟上方和左上方放置调味碟、调羹、汤碗。公筷与公勺 6 人以下放 2 套，6 人以上放 4 套。餐桌上还应该放置适量调料瓶或者烟缸、牙签盅等。折花的口布在每个客人的水杯内应该插一朵。按宴会举办单位需要，在每一席位上放上姓名卡。菜单摆在正副主人餐具的一侧，10 人桌一般放两张。

六、实训内容

1. 宴会的场地布置

宴会的接待规格较高，形式较为隆重，中餐的宴会多使用大圆桌，由于宴会的人数较多所以就存在场地的布置问题，应该根据餐厅的形状和大小以及赴宴的人数多少安排场地，桌与桌之间的距离以方便服务人员服务为宜。主桌应该位于面向餐厅正门的位置，可以纵观整个餐厅或者宴会厅。一定要将主宾入席和退席的线路设为主行道，应该比其他的通道宽一些。不同桌数的布局方法有所区别，但一定要做到台布铺置一条线，桌腿一条线，花瓶一条线，主桌突出，各桌相互照应。宴会的场地布置如图 4-10 所示。

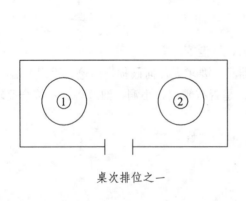

桌次排位之一

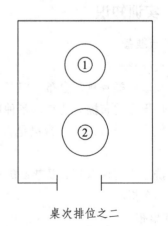

桌次排位之二

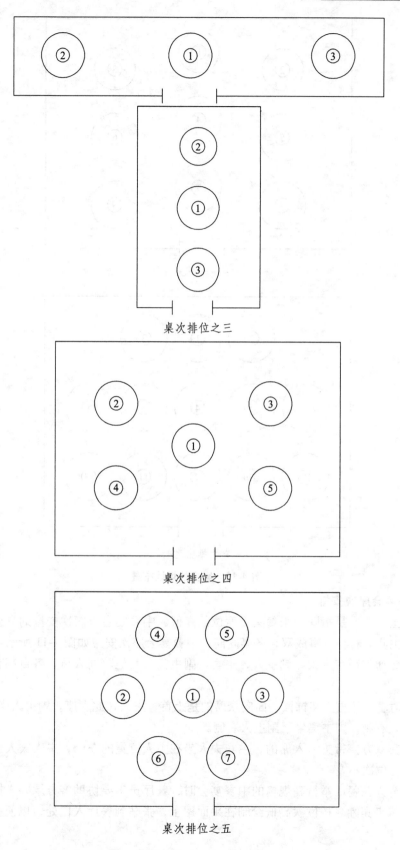

桌次排位之三

桌次排位之四

桌次排位之五

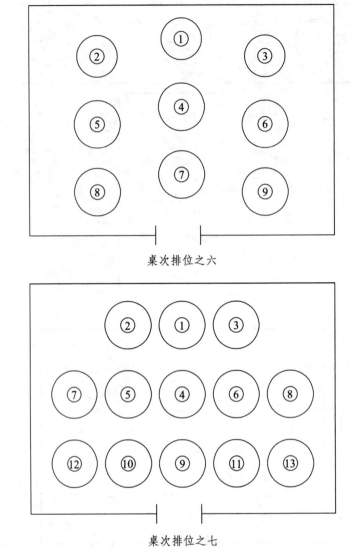

桌次排位之六

桌次排位之七

图 4-10　宴会的场地布置

2. 中餐宴会座次安排

在宴会上，席次是指同一张餐桌上席位的高低。中餐宴会上席次安排的具体规则有四：面门为主；主宾居右；好事成双；各桌同向。中餐宴会座次安排如图 4-11 所示。

中餐宴会通常都有主人、副主人、主宾、副主宾及其他陪同人员，各自都有固定的座次安排。

（1）背对着餐厅重点装饰面、面向众席的是上首，主人在此入座，副主人坐在主人对面，主宾坐于主人右侧，副主宾坐于副主人右侧。

（2）主宾双方携带夫人入席的，主宾夫人坐在主人位置的左侧，主人夫人坐在主宾夫人的左侧，其他位次不变。

（3）当客人在餐厅举行高规格的中餐宴会时，餐厅员工要协助客方承办人按位次大小排好座次，或将来宾姓名按位次高低绘制在平面图上，张贴到餐厅入口处，以便引导宾客入席就座。

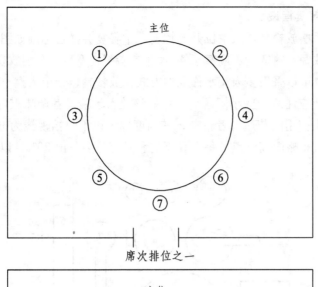

席次排位之一

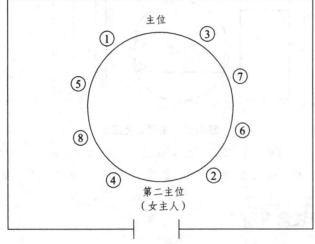

席次排位之二

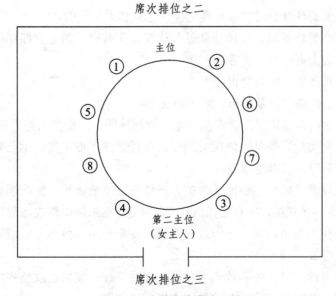

席次排位之三

图 4-11 中餐宴会座次安排

3. 中餐宴会的餐具摆设

左手托盘，右手摆放餐具，从主位开始摆起。中餐宴会摆台标准如图4-12所示。

个人席位上摆放餐具的宽度不应窄于40厘米或者餐椅宽度。在摆放餐具时如果宴会人数众多，餐具较多，也可以采用多人流水作业的方式摆放餐具，一个人摆一种，依次摆放。

在摆放餐具时还应注意一些小问题：调羹应该放入汤碗或者调味碟内；消毒的筷子应该用筷套封装；桌面上使用的花瓶或者台花，其高度应该以不阻挡视线为准；主位的口布花应该比其他座位上的口布略微高一点；每个餐桌的餐具应该多备出20%，以备使用。

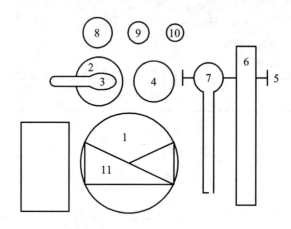

图4-12 中餐宴会摆台

1. 餐碟 2. 汤碗 3. 汤匙 4. 调味碟 5. 筷架 6. 筷子 7. 银匙
8. 水杯 9. 红酒杯 10. 白酒杯 11. 餐巾 12. 菜单

七、中餐摆桌注意事项

（1）摆桌在选配餐具器皿时，一定要选择花色成套而完整的。

（2）所有瓷器、玻璃器皿，使用前要仔细检视，凡有破损的应立即剔除，即便是些微裂痕或缺口，都不能摆上桌，以免使客人不满。

（3）脏污的餐具器皿，绝对禁止使用。

（4）有破损或污渍的台布及餐布，均不得使用。

（5）饭碗随客人的需要提供，常餐摆桌是不设酒杯的，亦随客人的需要提供。

（6）摆桌时先分类检齐餐具，依摆桌顺序放在托盘或手推车内，运至餐桌前摆置，餐具在托盘中，不宜堆置过高，以免倾倒。

（7）餐具是重要财产之一，要善予维护，操作不当造成破损，影响摆桌工作效率，应避免人为的损失与短少。虽然餐厅中有破损消耗率的规定，但未尽职责或恶意的破坏，应当赔偿。

（8）餐桌装饰在于美化点缀，应一致地摆置在餐桌一角，色彩务求谐调，否则就不必摆设，以免妨碍客人进餐。

（9）餐桌餐具摆设完竣，务必做一次检视，同时将每一座椅摆放整齐。营业前或开席前20分钟，领班应做一次复检工作，凡有缺点立即纠正改善。

子项目四：西餐便餐摆台实训

一、实训目的

通过西餐便餐摆台的实训学习，使学生掌握餐饮服务工作中较为复杂的一项综合技能。在餐饮工作中正确规范地进行西餐便餐摆台，既可为餐饮工作打下良好的基础，又可展现西餐厅布置的特有风采。

二、实训时间

实训授课 1 学时，共计 45 分钟。其中，示范讲解 10 分钟，学员操作 30 分钟，考核测试 5 分钟。

三、实训准备

实训场地准备：模拟餐厅。

实训用品准备：西餐台、台布、餐刀、餐叉、面包盘、黄油刀、黄油碟、水杯、白葡萄酒杯、餐巾、餐盘、烛台、盐瓶、胡椒瓶、烟缸、火柴盒、花瓶等。

仪容仪表准备：与课人员身着职业装，女生化淡妆、盘发。

四、实训方法

由老师进行示范，然后 6 人一组，每人分别进行实际操作。

五、实训知识

（1）台布：颜色以白色为主。

（2）餐盘：一般餐厅设计为 12 寸左右，可以作为摆台的基本定位。

（3）餐刀：大餐刀（Dinner Knife）正餐使用。小餐刀（Small Knife）享用前菜和沙拉时用。鱼刀（Fish Knife）享用海鲜或者鱼类时使用。牛排刀（Steak Knife）前端有小锯齿，享用牛排时使用。

（4）餐叉：大餐叉（Dinner Fork）正餐时使用。小餐叉（Small Fork）享用前菜或者沙拉时使用。鱼叉（Fish Fork）享用鱼类或海鲜时使用。水果叉（Fruit Fork）享用水果时使用。蛋糕叉（Cake Fork）享用蛋糕时使用。生蚝叉（Oyster Fork）使用牡蛎时使用。

（5）黄油刀（Butter Knife）：用来将黄油涂抹在面包上的重要工具，常与面包盘搭配摆设。

（6）面包盘（B.B.Plate）：用来摆放面包，个体较小，一般大约 6 寸。

（7）汤匙（Soup Spoon）：浓汤匙（Thick Soup Spoon）喝浓汤时使用。清汤匙（Clear Soup Spoon）喝清汤时使用。甜品匙（Dessert Spoon）食用点心和甜品时使用。餐匙（Table Spoon）不分清汤和浓汤时使用。

（8）水杯（Water Goblet）：用来盛饮用水。

（9）葡萄酒杯（Wine Glass）：分为红酒和白酒杯，一般红酒杯略大于白酒杯。

六、实训标准

（1）铺台布。台布须干净整洁。台布的位置应与正门相对，中缝应与台面中缝重合。台布四边下垂，长短一致，台布四角与台脚直线垂直。

（2）摆餐叉、餐刀。在席位的右侧摆餐刀，刀刃向左；在席位的左侧摆餐叉。餐刀与餐叉的距离以能摆放一个装饰垫盘为宜，一般是 30 厘米，刀叉后端距桌边 1 厘米。

（3）摆面包盘、黄油刀。面包盘、餐叉左侧，距餐叉和桌边各 1 厘米。黄油刀刀口朝盘心，放在面包盘中轴线右侧，或刀口朝桌边方向横放于面包盘上。若放黄油碟，则将碟置于面包盘上方，碟上放黄油刀。

（4）摆咖啡杯具。将咖啡杯连同垫碟摆放在餐刀上方，咖啡匙放在垫碟内，杯把和匙把向右。

（5）摆牙签。牙签筒、口杯摆在餐厅规定的位置上。

（6）摆水杯。可根据不同进餐要求，决定是否在餐具上方放置水杯。

（7）摆放花瓶和调味架。花瓶可放在靠墙边桌边的当中或者台面中央。花瓶的前面依次摆放盐瓶、胡椒瓶各 1 只、糖盅 1 只和烟灰缸 1 个，烟灰缸上斜搁火柴 1 盒，火柴盒店标朝上。

（8）摆椅子。椅子须整洁、完好，餐椅要与席位对应。

七、实训内容

1. 西餐便餐一般使用小方台和小圆台，餐具摆放比较简单

摆放顺序是：餐盘放在正中，对准椅位中线（圆台是顺时针方向按人数等距定位摆盘）；口布折花放在餐盘内；餐叉放在餐盘的左边，叉尖向上；餐刀和汤匙放在餐盘上方；面包盘放在餐叉上方或左边，黄油刀横放在餐盘上方，刀口向内；水杯放在餐刀尖的上方，酒杯靠水杯右侧呈直线、三角形或者是弧形；烟灰缸放在餐盘正上方，胡椒瓶和盐瓶放置于烟灰缸左侧，牙签盅放在椒、盐瓶左侧；花瓶放在烟灰缸的上方；糖缸和奶缸呈直线放在烟灰缸的右边。西餐便餐摆台如图 4-13 所示。

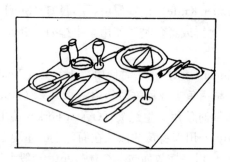

图 4-13　西餐便餐摆台

由于饮食文化及习俗不同，造就出不同的餐饮服务方式。西餐服务方式按照不同的国家可以分为多种，一般比较流行的服务方式有美式服务、英式服务、法式服务等，不同的服务方式摆台也有差异，下面分别简单介绍一下。

（1）美式服务摆台。

　　首先在座位的正前方，离桌边约 2 厘米处摆放餐盘，盘上放餐巾折花；在餐巾左侧摆放餐叉和沙拉叉，叉齿向上，叉柄距桌边 2 厘米；在餐巾右侧摆放餐刀，刀口向左，接着摆放汤匙，再摆放咖啡匙，刀柄及匙柄距桌边约 2 厘米；在餐叉前方摆放面包盘；在面包盘上右侧摆放 1 把黄油刀，刀身与桌边平行；以餐刀刀尖为基准摆放水杯或者酒杯，杯口先向下倒扣摆放；摆放糖盅、胡椒瓶、盐瓶或者烟灰缸等。美式服务摆台如图 4-14 所示。

图 4-14　美式服务摆台

（2）英式服务摆台。

　　在座位的正前方离桌边 2 厘米处摆放餐盘，盘上放餐巾折花；在餐巾左侧摆放餐叉和鱼叉，叉齿向上，叉柄距桌边 2 厘米；甜品匙和汤匙，依次摆放在鱼刀右侧，匙柄距离桌边约 2 厘米；在餐巾左上方摆放面包盘；在面包盘上右侧摆放 1 把黄油刀，刀身与餐刀平行；水杯和酒杯摆放在汤匙上方，杯口向上。英式服务摆台如图 4-15 所示。

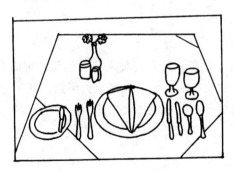

图 4-15　英式服务摆台

（3）法式服务摆台。

　　在座位的正前方距离桌边约 2 厘米处摆放餐盘，餐盘上放置餐巾折花；在餐盘的左侧摆放餐叉和沙拉叉，叉齿向上，叉柄距离桌边约 2 厘米；在餐盘的右侧摆放餐刀，刀口向左，刀柄距离桌边约 2 厘米；在餐刀右侧摆放汤匙，匙柄距离桌边约 2 厘米；将面包盘放在沙拉叉的左侧，盘上右侧摆放 1 支黄油刀，与餐刀平行；在餐盘正前方摆放甜品匙和点心叉，匙在上方，匙柄向右，叉在下方，叉柄向左；以餐刀刀尖为基准摆放红酒杯，红酒杯的右下方摆放白酒杯，左上方摆放水杯，杯口向上摆放；摆放糖盅、胡椒瓶、盐瓶。法式服务摆台如图 4-16 所示。

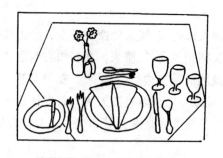

图 4-16　法式服务摆台

子项目五：西餐宴会摆台实训

一、实训目的

通过西餐宴会摆台的实训学习，使学生掌握西餐宴会摆台的服务技能。

二、实训时间

实训授课 1 学时，共计 45 分钟。其中，示范讲解 10 分钟，学员操作 30 分钟，考核测试 5 分钟。

三、实训准备

实训场地准备：模拟餐厅。

实训用品准备：西餐台、台布、餐刀、餐叉、面包盘、黄油刀、黄油碟、水杯、白葡萄酒杯、餐巾、餐盘、烛台、盐瓶、胡椒瓶、烟缸、火柴盒、花瓶等。

仪容仪表准备：与课人员身着职业装，女生化淡妆、盘发。

四、实训方法

由老师进行示范，然后 6 人一组，每人分别进行实际操作。

五、实训标准

1. 确定席位

（1）如是圆桌，席位与中餐宴会席位相同。

（2）如是长台，餐台一侧居中位置为主人位，另一侧居中位置为女主人或副主人位，主人右侧为主宾，左侧为第三主宾，副主人右侧为第二主宾，左侧为第四主宾，其余宾客交错类推。

2. 根据菜单要求准备餐具

要求餐具齐全、配套分明、整齐统一、美观实用。

3. 西餐餐具摆放

按照餐盘正中，左叉右刀，刀尖朝上，刀刃朝盘，先外后里的顺序摆放餐具。

4. 餐、酒具的摆放

（1）装饰盘的摆放：可用托盘端托，也可用左手垫好口布，口布垫在餐盘盘底，把装饰盘托起，从主人位开始，按顺时针方向用右手将餐盘摆放于餐位正前方，盘内的店徽图案要端正，盘与盘之间距离相等，盘边距桌边 2 厘米。

（2）口布的摆放：将餐巾折花放于装饰盘内，将观赏面朝向客人。

（3）面包盘、黄油碟的摆放：装饰盘左侧 10 厘米处摆面包盘，面包盘与装饰盘的中心轴取齐，黄油盘摆放在面包盘右上方，相距 3 厘米处。

（4）餐具的摆放：

① 装饰盘左侧按从左至右的顺序依次摆放沙拉叉、鱼叉、主餐叉，各相距 0.5 厘米，手柄距桌边 1 厘米，叉尖朝上。鱼叉上方可突出其他餐具 1 厘米。

② 装饰盘的右侧按从左到右的顺序依次摆放主餐刀、鱼刀，刀刃向左，刀柄距桌边 1 厘米。鱼刀上方可突出其他餐具 1 厘米。

③ 鱼刀右侧 0.5 厘米处摆放汤匙，勺面向上，汤匙右侧 0.5 厘米处摆放沙拉刀，刀刃向左。

④ 甜食叉、甜食勺平行摆放在装饰盘的正前方 1 厘米处，叉在下，叉柄向左，勺在上，勺柄朝右，甜食叉、甜食勺手柄相距 1 厘米。

⑤ 黄油刀摆放在面包盘右上方 1/3 处，黄油刀中心与面包盘的中心线吻合。

（5）酒具的摆放：水杯摆放在主餐刀正前方 3 厘米处，杯底中心在主餐刀的中心线上，杯底距主餐刀尖 2 厘米，红葡萄酒杯摆在水杯的右下方，杯底中心与水杯杯底中心的连线与餐台边成 45 度角，杯壁间距 0.5 厘米，白葡萄酒杯摆在红葡萄酒杯的右下方，其他标准同上。摆酒具时要拿酒具的杯托或杯底部。

（6）蜡烛台和椒、盐瓶的摆放：

① 西餐宴会如是长台一般摆两个蜡烛台，蜡烛台摆在台布的鼓缝线上、餐台两端适当的位置上，调味品（左椒右盐）、牙签筒，按四人一套的标准摆放在餐台鼓缝线位置上，并等距离摆放数个花瓶，鲜花不要高过客人眼睛位置。

② 如是圆台，台心位置摆放蜡烛台，椒、盐瓶摆在台布鼓缝线上，按左椒右盐的要求对称摆放，瓶壁相距 0.5 厘米，瓶底与蜡烛台台底相距 2 厘米。

（7）烟灰缸、火柴的摆放：在主人位和主宾位之间摆放烟灰缸，顺时针方向每两位客人之间摆放一个，烟灰缸的上端与酒具平行。火柴平架在烟灰缸上端，店标向上。

六、实训内容

西餐宴会餐台是可以拼接的，餐台的大小和台形的排法，可根据人数的多少和餐厅的大小进行布置，一般为长台。人数较多时宴会的台形可有多种，图 4-17 为几种常见的台形。

1. 西餐宴会座次安排

主人一般安排在面向餐厅正门的位置上，第一、第二客人排在主人的两侧。使用长台时，主人安排在长台正中位置或者长台顶端。使用圆桌则与中餐宴会座次安排相同。具体排法如图 4-18 所示。

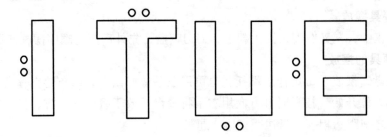

图 4-17　西餐宴会摆台常见台形

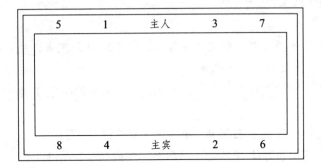

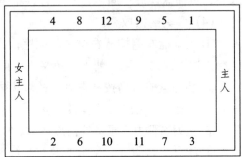

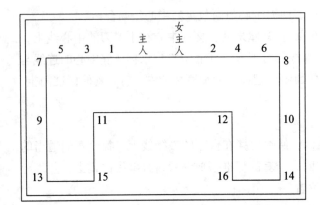

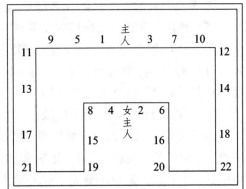

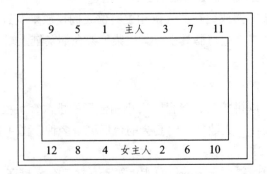

图 4-18　西餐宴会餐台座次安排

2. 西餐宴会餐具摆设

　　左手托盘，右手摆放餐具，摆放的顺序是：按照顺时针的方向，按照人数等距定位摆盘，将餐巾放在餐盘中或者是将折花插在水杯中。面包、黄油盘放在叉尖左上方，黄油刀刀口朝向餐盘内竖放在餐盘上，在餐盘的左侧放餐叉，餐盘的右侧放餐刀，在餐刀右边放汤匙，点心刀叉放在餐盘的正上方，酒杯、水杯共三只摆放在餐刀上方。酒杯的摆放方法多种多样，可以摆成直线形、斜线形、三角形或者圆弧形，先用的放在外侧，后用的放在内侧；甜点叉的左上方放盐、胡椒瓶，右上方放烟灰缸。注意西餐的餐具按照宴会菜单摆放，每道菜应该换一副刀叉，放置时要根据上菜的顺序从外侧到内侧，一般不超过七件（即三叉、三刀、一匙），如果精美的宴席有多道菜，则在上新菜前追加刀叉。摆放餐具后应该仔细核对，是否整齐划一。西餐宴会餐具摆设如图 4-19 所示。

图 4-19　西餐宴会餐具摆设

1. 面包盘　2. 黄油刀　3. 鱼叉　4. 餐叉　5. 餐盘　6. 牛排刀　7. 鱼刀　8. 清汤匙
9. 生蚝叉 10. 餐巾　11. 盐和胡椒粉瓶　12. 烟灰缸　13. 水杯　14. 红葡萄酒杯
15. 白葡萄酒杯　16. 甜品匙　17. 甜品叉

实训项目四：斟酒服务实训

斟酒服务在餐饮服务工作中比较频繁，无论中餐还是西餐，在就餐服务中都是由服务人员提供斟酒服务，尤其在宴会服务中最多。斟酒服务要求不滴不洒，不满不溢。

一、实训目的

通过斟酒服务的实训学习，使学生掌握正确的斟酒服务方法和相关的酒品知识，这对于提高餐饮服务质量十分重要。

二、实训时间

实训授课 1 学时，共计 45 分钟。其中，示范讲解 10 分钟，学员操作 30 分钟，考核测试 5 分钟。

三、实训准备

实训场地准备：模拟餐厅。

实训用品准备：开瓶器、口布、托盘、白酒瓶、香槟酒、啤酒、红酒、香槟酒杯、红酒杯若干、白酒杯若干。

仪容仪表准备：与课人员身着职业装，女生化淡妆、盘发。

四、实训方法

由老师进行示范，然后 6 人一组，每人分别进行实际操作。

五、实训标准

1. 准备

（1）站在客人右边按先宾后主的次序斟酒，不能站在一个位置为左右两位宾客斟酒。

（2）斟倒前，左手拿一条干净的餐巾将瓶口擦干净，右手握住酒瓶下半部，将酒瓶上的商标朝外显示给客人确认。

2. 斟酒

（1）斟酒时，服务员侧身站在客人右侧，上身微前倾，重心放在右脚上，左脚跟稍微抬起，右手五指张开，握住酒瓶下部，食指伸直按住瓶壁，指尖指向瓶口，将右手臂伸出，右手腕下压，瓶口距杯口 1.5 厘米时斟倒。掌握好酒瓶的倾斜度并控制好速度，瓶口不能碰到杯口。

（2）斟酒完毕，将瓶口稍稍抬高，顺时针 45°旋转，提瓶，再用左手的餐巾将残留在瓶口的酒液拭去。

六、实训内容

（一）酒水准备与示酒

1. 酒水冰镇

许多酒品的饮用温度大大低于室温，这就要求对酒品进行降温处理，比较名贵的瓶装酒大都采用冰镇的方法来降温。冰镇的方法有加冰块、加碎冰和冷冻等方法。其服务程序和步骤见表 4-1。

表 4-1 酒水冰镇程序与步骤

服务程序	工 作 步 骤
1. 准备	准备好冰镇酒品及需要的冰桶，并用冰桶架架放在餐桌的一侧
2. 冰镇	桶中放入冰块，将酒瓶插入冰块中约 10 分钟，即可达到冰镇效果；如客人有特殊要求，可按客人要求延长或缩短时间 服务员手持酒杯下部，杯中放入冰块，摇转杯子，以降低杯子的温度，并对杯具进行降温处理 用冰箱冷藏酒品

2. 酒水加温

有些酒品的饮用温度高于室温，这就要求对酒品进行温烫。温烫有四种常用的方法：水烫、火烤、燃烧和冲泡。水烫，即将饮用酒事先倒入烫酒器，然后置入热水中升温。火烤，即将酒装入耐热器皿，置于火上烧烤升温。燃烧，即将酒盛入杯盏内，点燃酒液以升温。冲泡，即将沸滚饮料（水、茶、咖啡等）冲入酒液，或将酒液注入热饮料中去。其中以水烫最为安全。其程序和步骤见表 4-2。

表 4-2 水烫加温程序与步骤

服务程序	工 作 步 骤
1. 准备	准备暖桶、酒壶和酒品，并用暖桶架架放在餐桌的一侧
2. 加温	在暖桶中倒入开水，将酒倒入酒壶，然后放在暖桶中升温。 加温操作必须当着客人的面进行

3. 示酒

宾客点用的整瓶酒，在开启之前都应让主人先过目一下。示瓶的方法是：

服务者站于主人的右侧，左手托瓶底，右手扶瓶颈，酒标面向客人，让其辨认。当客人认可后，才可进行下一步的工作。如果没有得到客人的认同，则去酒窖更换酒品，直到客人满意为止。

另外，餐厅服务员在为客人示酒之前，要将酒瓶瓶身、瓶口擦干净，检查一下酒是否过期、变质，是否是客人所需的那种酒，酒瓶有无破裂。

（二）开瓶

酒水在上餐台斟酒前，首先要将瓶盖或瓶塞打开。普通酒水开启瓶盖比较容易，但葡萄酒和香槟酒的开启应掌握正确的方法。其程序和步骤见表 4-3。

表 4-3　开瓶程序和步骤

服务程序	工 作 步 骤
1. 准备	备好酒钻、毛巾
2. 开瓶	开瓶时，要尽量减少瓶体的晃动；将瓶放在桌上开启，动作要准确、敏捷、果断；开启软木塞时，万一软木塞有断裂迹象时，可将酒瓶倒置，利用内部酒液的压力顶住木塞，然后再旋转酒钻 开拔瓶塞越轻越好，防止发出突爆声
3. 检查	拔出瓶塞后需检查瓶中酒是否有质量问题，检查的方法主要是嗅辨瓶塞插入瓶内的部分为主
4. 擦瓶口、瓶身	开启瓶塞以后，用干净的餐巾仔细擦拭瓶口，香槟酒要擦干瓶身；擦拭时，注意不要让瓶口积垢落入酒中
5. 摆放	开启的酒瓶、酒罐可以留在宾客的餐桌上 使用暖桶的加温酒水和使用冰桶的冰镇酒水要放在桶架上，摆在餐桌一侧 用酒篮盛放的酒连同篮子一起放在餐桌上 随时将空瓶、空罐从餐桌上撤下
6. 注意事项	开瓶后的封皮、木塞、盖子等杂物，可放在小盘子里，操作完毕一起带走，不要留在餐桌上 开启带汽或者冷藏过的酒罐封口时，常有水汽喷射出来，因此在宾客面前开启时，应将开口对着自己，并用手挡遮，以示礼貌 开香槟酒的方法：香槟酒的瓶塞大部分压进瓶口，有一段帽形物露出瓶外，并用铁丝绕扎固定；开瓶时，在瓶上盖一条餐巾，左手斜拿酒瓶，大拇指紧压塞顶，用右手挪开铁丝，然后握住塞子的帽形物，轻轻转动上拔，靠瓶内的压力和手的力量将瓶塞拔出来；操作时，应尽量避免发生响声，尽量避免晃动，以防酒液溢出

1. 开瓶的基本程序

（1）开塞前应避免酒体的晃动，否则汽酒会造成冲冒现象，陈酒会造成沉淀物窜腾现象。

（2）将酒水瓶揩拭干净，特别是将塞子屑和瓶口部位擦干净。

（3）检查酒水质量，如发现瓶子破裂或酒水中有悬浮物、浑浊沉淀物等质变现象，应及时调换。

（4）开启的酒瓶酒罐应该留在客人的餐桌上，下面须用衬垫，以免弄脏台布。

（5）开启后的封皮、木塞、盖子等物不要直接放在桌上，应在离开时一并带走。

2. 葡萄酒开瓶方法

（1）服务员先用洁净的餐巾把酒瓶包上。

（2）切掉瓶口部位的锡纸，并揩擦干净。

（3）用开酒钻的螺旋锥转入瓶塞，将瓶塞慢慢拔开，再用餐巾将瓶口擦干净。

在开瓶过程中，动作要轻，以免摇动酒瓶时而将瓶底的酒渣泛起，影响酒味。开瓶前，应持瓶向宾客展示。

3. 香槟酒的开瓶方法

（1）香槟酒因瓶内有较大的气压，故软木塞的外面套有铁丝帽以预防软木塞被弹出。

（2）首先将瓶口的锡纸剥除。

（3）用右手握住瓶身，以45°的倾斜角拿着酒瓶并用大拇指紧压软木塞，右手将瓶颈外面的铁丝圈扭弯，一直到铁丝帽裂开为止，然后将其取掉。同时，用左手紧握软木塞，并转动瓶身，使瓶内的气压逐渐地将软木塞弹挤出来。

（4）转动瓶身时，动作要既轻又慢。开瓶时要转动瓶身而不可直接扭转软塞子，以防将其扭断而难以拔出。

（5）注意开瓶时，瓶口不要朝向宾客，以防在手不能控制的情况下，软木塞爆出。如已溢出酒沫，应将酒瓶呈45°斜握。

4. 烈性酒开瓶方法

烈性酒的封瓶方式及开瓶方法有两种：

（1）如果酒瓶是塑料盖或外部包有一层塑料膜，开瓶时先用火柴将塑料膜烧溶取下，然后旋转开盖即可。

（2）如果酒瓶是金属盖，瓶盖下部常有一圈断点，开瓶时用力拧盖，使断点断裂，便可开盖，如遇有断点太坚固，难于拧裂的，可先用小刀将断点划裂，然后再旋开盖。

5. 罐装酒品开罐方法

（1）开启时只要拉起罐顶部的小金属环即可。

（2）服务者在开启易拉罐时，应将开口方向朝外，不能对着客人，并以手握遮，以示礼貌。

（3）开启前要避免摇晃。

（三）斟酒

1. 斟酒方式

斟酒有两种方式，一种是桌斟，另一种是捧斟。桌斟采用得较多。

（1）桌斟。

餐厅员工斟酒时，左手将盘托稳，右手从托盘中取下客人所需要的酒种，将手放在酒瓶中下端的位置，食指略指向瓶口，与拇指约成60°，中指、无名指、小指基本上排在一起。斟酒时站在客人右后侧，既不可紧贴客人，也不可离客人太远。给每一位客人斟酒时都应站在客人的右后侧，而不能图省事，站在同一个地方左右开弓给多个客人同时斟酒。给客人斟酒时，不能将酒瓶正对着客人，或将手臂横越客人。斟酒过程中，瓶口不能碰到客人的杯口，保持1厘米距离为宜，同时也不拿起杯子给客人斟酒。每斟完一杯酒后，将握有瓶子的手顺时针旋转一个角度，与此同时收回酒瓶，这样可以使酒滴留在瓶口，不至于落在桌上，也可显得姿势优雅。给下一位客人继续倒酒时，要用干净布在酒瓶口再擦拭一下，然后再倒。

（2）捧斟。

手握酒瓶的基本姿势与桌斟一样，所不同的是，捧斟是一手握酒瓶，一手将酒杯拿在手中，斟酒的动作应在台面以外的地方进行。

2. 斟酒量与斟酒顺序

（1）斟酒量：

① 中餐在斟倒各种酒水时，一律以八分满为宜，以示对宾客的尊重。

② 西餐斟酒不宜太满，一般红葡萄酒斟至杯的1/2处，白葡萄酒斟至杯的2/3处为宜。斟香槟酒分两次进行，先斟至杯的1/3处，待泡沫平息后，再斟至杯的2/3处即可。

（2）斟酒顺序：

① 中餐斟酒顺序。宾客入座后，服务员及时问客人是否先喝些啤酒、桔子汁、矿泉水等饮料。宴会开始前10分钟左右将烈性酒和葡萄酒斟好。其顺序是：从主宾开始，按男主宾、女主宾、再主人的顺序顺时针方向依次进行。如果是两位服务员同时服务，则一位从主宾开始，另一位从副主宾开始，按顺时针方向依次进行。

② 西餐宴会的斟酒顺序。西餐宴会用酒较多，几乎每道菜有一种酒，吃什么菜跟什么酒，应先斟酒后上菜。其顺序为：女主宾、女宾、女主人、男主宾、男宾、男主人。

七、斟酒注意事项

（1）为客人斟酒不可太满，瓶口不可碰杯口。

（2）斟酒时，酒瓶不可拿得过高，以防酒水溅出杯外。

（3）当因操作不慎，将杯子碰倒时，立即向客人表示歉意，同时在桌酒水痕迹处铺上干净的餐巾，因此要掌握好酒瓶的倾斜度。

（4）因啤酒泡沫较多，斟倒时速度要慢，让酒沿杯壁流下，这样可减少泡沫。

（5）当客人祝酒讲话时，服务员要停止一切服务，端正肃立在适当的位置上，不可交头接耳，要注意保证每个客人杯中都有酒水；讲话即将结束时，要向讲话者送上一杯酒，供祝酒之用。

（6）主人离位或离桌去祝酒时，服务员要托着酒，跟随主人身后，以便及时给主人或其他客人续酒；在宴会进行过程中，看台服务员要随时注意每位客人的酒杯，见到杯中酒水 只剩下1/3时，应及时添满。

（7）斟酒时应站在客人的后右侧，进行斟酒时切忌左右开弓进行服务。

（8）手握酒瓶的姿势。首先要求手握酒瓶中下端，商标朝向宾客，便于宾客看到商标，同时可向宾客说明酒水特点。

（9）斟酒时要经常注意瓶内酒量的多少，以控制住酒出瓶口的速度。因为瓶内酒量的多少不同，酒的出口速度也不同，瓶内酒越少，出口的速度就越快，倒时容易冲出杯外。所以，要掌握好酒瓶的倾斜度，使酒液徐徐注入酒杯。

子项目一：酒的常识实训

一、实训目的

通过酒的常识实训学习，使学生掌握酒的知识，这对于提高餐饮服务质量十分重要。

二、实训时间

实训授课1学时，共计45分钟。其中，示范讲解10分钟，学员操作30分钟，考核测试5分钟。

三、实训准备

实训场地准备：模拟餐厅。

实训用品准备：开瓶器、口布、托盘、白酒瓶、香槟酒、啤酒、红酒、香槟酒杯、红酒杯若干、白酒杯若干。

仪容仪表准备：与课人员身着职业装，女生化淡妆、盘发。

四、实训方法

由老师进行示范，然后 6 人一组，每人分别进行实际操作。

五、实训内容

酒是一种用粮食、水果等含淀粉或糖的物质经发酵制成的含乙醇的带刺激性的饮料。

1. 酒的分类

根据酿造方法，酒可分为：

（1）蒸馏酒。

原料经发酵后用蒸馏法制成的酒叫蒸馏酒。这类酒含乙醇较高，俗称度数较高，如白兰地、白酒均属此类。

（2）酿造酒。

酿造酒亦称压榨酒或原汁发酵酒。是将原料发醇后，直接提取或用压榨法而取得的酒。这类酒乙醇含量较低，如黄酒、啤酒、果酒等均属此类酒。

（3）配制酒。

配制酒，亦称兑制酒。指用一种白酒、果酒或食用酒精做主要原料（通常这种主要原料称为基酒），再将其他不同的原料与基酒进行兑制。使之成为种类不同的新品种，如药酒、玫瑰露酒均属此种酒。

以上分法是一种主要分法，另外还有两种常见分法。一是按酒的特点分类：可分为白酒、黄酒、啤酒、果酒、鸡尾酒等品种。二是根据酒精含量分类：高度酒（含酒精成分 40%以上者）、中度酒（含酒精成分 20%～40%之间）和低度酒（含酒精成分 20%以下）。

2. 饮酒的最佳温度

因酒的不同其最佳饮用温度也不同。主要有冷饮、温饮、热饮。热饮如饮加饭酒、花雕、桂花陈，一般浸于热水中加温；冷饮如饮啤酒、白兰地，一般加冰或浸于冰桶、放于冻柜。

一般来说，红酒最佳饮温为 18℃～22℃，即室温。啤酒最佳饮用温度为 8℃～12℃。香槟和汽酒最佳饮温为 7℃。黄酒 40℃～50℃ 为佳。

3. 品酒方法

品酒时应首先注意颜色、透明度、醇味、香味、酸味、口味、收缩性、甜度和平顺度。其次要注意视觉、嗅觉、味觉齐用。另外将品酒时，请留意保持口腔的干净卫生和周围空气清新。酒的温度也要调至适宜。

品酒步骤：使用高脚杯（因其透明和握杯脚使酒减少受手温影响）；斟入约 30 毫升酒；拿起酒杯，先看色再闻香后尝味；呷一小口酒；让酒慢慢流过舌头面，使其与味蕾充分接触；最后把酒咽下去，细品余味。如不下咽可备一吐酒桶。

4. 酒的质量鉴别

酒虽然宜于保存，但由于生产日期不同和各厂生产的质量标准参差不齐，其质量也就不一样，作为餐厅服务员，有必要了解和掌握各种酒的质量鉴别方法。

（1）白酒。

质量不高的白酒，通常有下列情况出现：

① 失光：白酒酒液失去应有的晶莹透亮感，酒中有杂质。

② 浑浊：酒液由于温度或工艺上的原因，出现絮状物，产生浑浊。

③ 色泽：正常白酒应是质地纯净，无色透明，如因酿造原料或贮存时间过长，酒液出现发黄或其他颜色，这样的酒绝对不能饮用。

④ 变味：酒液由于受水质或油脂混入，或贮存不当，出现杂味，这样的酒也不能饮用。

（2）黄酒。

黄酒的鉴定主要从色、香、味三个方面进行鉴别：

① 色：不论浅黄、褐黄、黑褐等均应晶明透亮，无沉淀物。

② 香：以浓郁酒得者为佳。

③ 味：应以醇厚、略带甜味为佳。

如果酒液失去光泽，并伴有悬浮物和出现腐臭味，这样的黄酒肯定不能饮用。

（3）啤酒。

啤酒是一种低度发酵酒，保质期短，各项指标要求严格。

如果保存时间过长，受到阳光长时间照射，运输不当，贮存温度过高或过低，原料、酒液被污染或密封不严，均会让啤酒产生沉淀。除因温度过低产生的沉淀经升温后沉淀消失的啤酒仍可饮用之外，其他酒的沉淀、浑浊等现象均属变质。

另外，啤酒出现颜色过深、过浅、无泡沫、淡而无味或有异味等现象，大部分为生产、运输、贮存和销售过程中出现的问题，也应谨慎对待。

（4）葡萄酒。

① 色泽：红葡萄酒的酒液应为紫红色，白葡萄酒的酒液应呈淡黄色。液体透明，不浑浊。

② 香气：除具有一般果香外，还伴有浓郁的醇香味。

③ 滋味：酸甜适口，醇厚，无酒精味。

如果出现浑浊、苦涩、絮状沉淀，味道怪异（如汽油、奶酪等怪味），淡而无味、白葡萄酒的颜色变深等现象，均属变质酒。

5. 酒的保管

酒的贮藏保管过程中常见的变质、损耗现象有：挥发（俗称跑度）、渗漏、混浊、沉淀、酸败变质、变色和变味。由于不同的酒所含的酒精与其他成分比例不同，又因贮藏保管条件不同，因而可能发生的变质、损耗现象也有所不同。白酒的酒精含量多，有杀菌能力，不会酸败变质，但会因其挥发性、渗透性强，易燃、易渗漏，还会因含杂醇油过多，或加浆用水硬度大，而出现混浊沉淀现象。此外还会因包装、保管不当而出现变色、变味。黄酒、啤酒等低度酒，酒精含量少，酸类、糖分等物含较多，易受细菌感染。如保管温度过高，会使酒液再次发酵而混浊沉淀，酸败或者变色、变味。因此，保管贮存酒类应注意：

（1）必须针对各类酒的不同特点，因地制宜地选择清洁卫生、蔽光、干燥、温度适宜的仓库贮存酒类，对于白酒，保管温度以较低为好，这样可以减少挥发、防止渗漏，但要注意加强防火措施。

（2）要控制好保管温度，对黄酒、啤酒、果酒等低度酒一般以 5℃～25℃ 为宜，既不能过高过低，也不能忽冷忽热。

（3）要注意清洁卫生，防止细菌感染。

（4）在放置红酒时应倒过来。

6. 酒的功用

酒是世界四大饮料之一。酒之所以为古今中外人民普遍喜爱，与酒的许多功用是分不开的。

（1）由于酒中含有各种醇类物质，对人的精神有刺激作用，所以适量饮用，可以起到兴奋神经、舒筋活血、祛寒发热、消除疲劳的作用。

（2）酒中含有人体所需要的糖分、蛋白质、盐类和丰富的维生素等物质。酒对身体有很好的滋补作用，是一种营养价值很高的饮料。

（3）酒是中药的重要辅助原料，中药常用酒，特别是用黄酒作"药引"，经过浸泡、炒煮、蒸炙的各种药材能增加其疗效。外科中用白酒推拿按摩也能提高疗效。人们还饮用擦用各种药酒直接治疗各种疾患。

（4）酒是酒席及宴会中的重要地位。在日常餐饮中，一壶酒、一杯酒也常增添无数风味。

（5）白酒，特别是黄酒，还是烹调中的上好作料，它不仅可以除腥去腻，而且还可以增加菜肴的美味。

（6）酒在人们交际中也起着重要角色。如借酒而言，借酒而观其性，边饮边谈等。

酒虽有很多好处，但是"物极必反"，若饮用过度亦会伤身、乱性。故此好酒还需善饮适饮。

子项目二：中国白酒常识实训

一、实训目的

通过中国白酒的常识实训学习，使学生掌握中国白酒的知识，这对于提高餐饮服务质量十分重要。

二、实训时间

实训授课 1 学时，共计 45 分钟。其中，示范讲解 10 分钟，学员操作 30 分钟，考核测试 5 分钟。

三、实训准备

实训场地准备：模拟餐厅。

实训用品准备：口布、托盘、白酒瓶、白酒杯若干。

仪容仪表准备：与课人员身着职业装，女生化淡妆、盘发。

四、实训方法

由老师进行示范，然后 6 人一组，每人分别进行实际操作。

五、实训内容

盈盈一杯白酒，醇香四溢。白酒概括起来主要分为五种香型，即酱香型、浓香型、清香型、米香型和兼香型。此外还有其他香型。

1. 白酒香型的来源

白酒是我国的传统饮品。酿造工艺复杂，酿制的酒风格多样。为了加强管理，提高质量，相互学习，做好评比，结合我国国情，于 20 世纪 60 年代中期，对我国白酒的香型进行了较系统的研究，通过对酒内香味成分的分析，以及香气成分与工艺关系的研究，经酿酒界和专家认可，于 1979 年的第三届全国评酒会上实施按香型进行评比。自此，白酒的香型遂为国内广大消费者接受。

2. 白酒香型的分类

白酒的香型本来分为酱香型、浓香型、清香型、米香型和其他香型，1993 年国家又颁布了"兼香型"和"凤香型"。前四种香型比较成熟，趋于标准化和定型化。除前四种香型外，还有不少具有自己特点的好酒，其香气、口味、工艺不仅不同于已定型的香型酒，更有自己特殊的工艺、风味。但目前不能拿出定性定量的数据说明其化学成分，划定成型，以便确定香型名称，如董酒、西凤酒、白云边、白沙液等就是这样的酒，划归不到四个香型中去，只好暂时定为其他香型。从这里也可以看出，白酒香型的划分并没有最后定论，随着科学技术的进步、酿酒工业的发展，白酒的香型也必将更加丰富多彩。事实上，食品中、植物中的香味是多种多样的，酒的香味也会不断发展，不断增加，出现百花齐放的局面。

（1）酱香型。

酱香型又称为茅香型，以贵州茅台酒为代表。其特点是酱香突出，幽雅细腻而协调，酒体丰满醇厚，香而不艳，甘爽绵甜，回味悠长，空杯留香（倒入杯中过夜香气久留不散，且空杯比实杯还香），令人回味无穷。以高粱为原料，高温大曲、石壁泥底窖发酵，清蒸回沙工艺，一次循环长达 10 个月，陈酿期 5 年以上。酱香型白酒是由酱香酒、窖底香酒和醇甜酒等勾兑而成的。所谓酱香是指酒品具有类似酱食品的香气，酱香型酒香味的化学成分极为复杂，至今未有定论，但普遍认为酱香是由高沸点的酸性物质与低沸点的醇类组成的复合香气。

酱香型白酒因有一种类似豆类发酵时的酱香味而得名。因源于茅台酒工艺，故又称茅香型。这种酒，优雅细腻，酒体醇厚，回味悠长。当然，酱香不等于酱油的香味，从成分上分析，酱香酒的各种芳香物质含量都较高，而且种类多，香味丰富，是多种香味的复合体。这种香味又分前香和后香。所谓前香，主要是由低沸点的醇、酯、醛类组成，起呈香作用。所谓后香，是由高沸点的酸性物质组成，对呈味起主要作用，是空杯留香的构成物质。茅台酒是这类香型的代表。根据国内研究资料和仪器分析测定，它的香气中含有 100 多种微量化学成分。启瓶时，首先闻到幽雅而细腻的芬芳，这就是前香；继而细闻，又闻到酱香，且夹带着烘炒的甜香，饮后空杯仍有一股香兰素和玫瑰花的幽雅芳香，而且 5～7 天不会消失，誉为空杯香，这就是后香。前香后香相辅相成，浑然一体，卓然而绝。

除茅台酒外，四川的郎酒也是享誉国内的酱香型白酒。贵州的习酒、怀酒、珍酒、黔春酒、颐年春酒、金壶春、筑春酒、贵常春等也属于酱香型白酒。

（2）浓香型。

浓香型又称泸香型，以四川泸州老窖特曲为代表。浓香型的酒具有芳香浓郁，绵柔甘冽，香味协调，入口甜，落口绵，尾净余长等特点，这也是判断浓香型白酒酒质优劣的主要依据。酿造以高粱为主料，以中温大曲为糖化发酵剂，混蒸续糟法，以肥泥老窖为发酵容器，发酵周期达 2～3 个月，陈酿期 1～3 年。

这种香型的白酒具有窖香浓郁、绵甜爽净的特点。它的主体香源成分是己酸乙酯和丁酸乙酯。泸州老窖酒的己酸乙酯比清香型酒高几十倍，比酱香型白酒高十倍左右。另外还含有丙三醇，使酒绵甜甘冽。酒中含有机酸，起协调口味的作用。浓香型白酒的有机酸以乙酸为主，其次是乳酸和己酸，特别是己酸的含量比其他香型酒要高出几倍。白酒中还有醛类和高级醇。在醛类中，乙缩醛较高，是构成喷香的主要成分。除泸州老窖外，五粮液、古井贡酒、双沟大曲、洋河大曲、剑南春、全兴大曲等都属于浓香型，贵州的鸭溪窖酒、习水大曲、贵阳大曲、安酒、枫榕窖酒、九龙液酒、毕节大曲、贵冠窖酒、赤水头曲等也属于浓香型白酒。贵州浓香型名牌白酒品种较多而质优，是浓香型白酒中的优秀代表。

（3）清香型。

清香型又称汾香型，以山西杏花村汾酒为主要代表。清香型白酒酒气清香醇正，酒味纯正绵软，诸味协调，余味爽净。酒体组成的主体香是以乙酸乙酯和乳酸乙酯为主，丁酸乙酯为辅的复合香型，其特点是清、爽、醇、净。清香型风格基本代表了我国老白干酒类的基本香型特征。酿造以高粱为主料，以低温曲为糖化发酵剂，采用清蒸清烧、二遍清工艺，以陶缸为发酵容器，发酵周期为 21～28 天，陈酿期 1 年。

清香型白酒芬芳清香，甘润爽口，是一种传统的老白干风格，以山西杏花村的汾酒为代表，所以又叫"汾香型"。从含酯量看，它比浓香型、酱香型都要低，突出了乙酸乙酯，乳酸乙酯和乙酸乙酯的比例协调。除此以外，宝丰酒、特制黄鹤楼酒也是清香型白酒。

（4）米香型。

米香型酒指以桂林三花酒为代表的一类小曲米酒，是中国历史悠久的传统酒种。米香型酒，米香清雅、幽雅纯净，入口柔绵，落口爽冽，回味怡畅，给人以朴实纯正的美感。米香型酒的主体香味成分是 β-苯乙醇（是食用玫瑰香精的化学成分）、乳酸乙酯和乙酸乙酯。在桂林三花酒中，这种成分每百毫升高达 3 克，因此具有玫瑰的幽雅芳香。从酯的含量看，米香型酒中，除上述酯类外基本上不含其他酯类。这是米香型白酒的特点之一。米香型酒以稻米为原料，以小曲为糖化发酵剂，以水泥池为发酵容器，半固态发酵，液态蒸馏。发酵周期一周左右，陈酿期 6 个月以上。这类酒的代表有桂林三花酒、全州湘山酒、广东长乐烧等小曲米酒。

（5）兼香型。

通常又称为复合香型，即兼有两种以上主体香气的白酒。这类酒在酿造工艺上吸取了清香型、浓香型和酱香型酒的精华，在继承和发扬传统酿造工艺的基础上独创而成。兼香型白酒之间风格相差较大，有的甚至截然不同，这种酒的闻香、口香和回味香各有不同，具有一酒多香的风格。兼香型酒以贵州董酒和湖北白云边酒为代表。董酒酒质既有大曲酒的浓郁芳香，又有小曲酒的绵柔醇和、落口舒适甜爽的特点，风格独特。

（6）其他香型。

① 特型：以江西樟树四特酒为代表，特点是三香（浓、清、酱香）兼有，香味幽雅舒畅，层次协调。

② 芝麻香型：以山东景芝特曲白干为代表，具轻微酱香和浓香，伴有焦香、炒芝麻的幽香。

③ 豉香型：以广东佛山玉冰烧为代表。玉洁冰清、豉香独特、醇厚和润、余味爽净。此酒是小曲酒加肥猪油浸泡而成。

④ 绵柔型、淡雅型：近年来的新香型，以洋河蓝色经典、今世缘酒等外代表。

3. 中国八大名酒（表 4-4）

表 4-4　中国八大名酒

名　　称	产　地	香　型
泸州老窖特曲	四川泸州酒厂	浓香型
贵州茅台酒	贵州仁怀茅台镇	酱香型
全兴特曲	四川成都	浓香型
五粮液	四川宜宾市	浓香型
汾　酒	山西汾阳县杏花村	清香型
西凤酒	陕西凤翔县	兼香型
古井贡酒	安徽亳县	浓香型
董　酒	贵州遵义	兼香型

子项目三：洋酒常识实训

一、实训目的

通过洋酒的常识实训学习，使学生掌握洋酒的知识，这对于提高餐饮服务质量十分重要。

二、实训时间

实训授课 1 学时，共计 45 分钟。其中，示范讲解 10 分钟，学员操作 30 分钟，考核测试 5 分钟。

三、实训准备

实训场地准备：模拟餐厅。

实训用品准备：口布、托盘、香槟、香槟杯若干。

仪容仪表准备：与课人员身着职业装，女生化淡妆、盘发。

四、实训方法

由老师进行示范，然后 6 人一组，每人分别进行实际操作。

五、实训内容

洋酒历史悠久，品种繁多，著名的产酒国和地区有：法国、意大利、德国、奥地利、希腊、西班牙、马德拉岛、葡萄牙、匈牙利、智利、美国、日本、澳大利亚等。下面是比较著名的洋酒。

1. 白兰地（Bramdy）

白兰地是用葡萄或水果发酵后蒸馏而成的一种烈酒，蒸好的酒需放在橡木桶里经过相当长时间的贮藏。白兰地以法国康涅克地区产的为最好。

所有的白兰地酒厂，通常用英文字母来标志酒的品质。

E 代别 especial（特别的）。

F 代表 fine（好的）。

V 代表 very（很好）。

O 代表 old（老的）。

S 代表 superior（上好的）。

P 代表 pale（淡色而苍老的）。

X 代表 extra（格外的）。

C 代表 cognac（康涅克）。

另外还用符号表示一定年份陈酿的时间。

"☆☆☆"表示 3～5 年。

"V.O"表示 12～20 年（Very Old）。

"V.O.P"表示 12～20 年（Very Old Pale）。

"V.S.O.P"表示 25 年以上（Very Superior Old Pale）。

"XO"表示 40 年以上（Extra Old）。

白兰地较为著名的牌子有：人头马、马爹利、轩尼诗、爱之喜、长颈 FOV、御鹿、拿破仑、百事吉等。

2. 威士忌（Whisky）

威士忌多用大麦、玉米为原料，用麦芽为酿化剂，经糖化、发酵、蒸馏而成。可与汽水、柠檬配饮。常见威士忌有皇家芝华士、海格、波威尔、吐拉摩、四玫瑰、美国黑威士忌、王冠。

3. 伏特加酒（Vodka）

伏特加酒，通常用马铃薯或多种谷物作原料，经发酵、蒸馏、过滤而成。酒精度高达 90% 以上，是一种烈性酒，无色无味很提神。常见的伏特加酒有兰出、波尔斯卡亚、哥萨克、斯米诺夫。

4. 琴酒（Gin）

琴酒（又称金酒、毡酒、松子酒），是用 75%的玉米、15%的大麦芽、10%的其他谷物，经过搅拌、加热、发酵，再经过连续加入蒸馏水，然后在琴酒蒸馏器中加上香料再蒸（这些香料有胡荽、苦杏仁、小豆蔻、杜皮、白芷、柠檬和橙皮，主要是杜松莓）而酿成。常见的琴酒有波尔斯（Bols）、博士（Bootm's）、戈登斯（aordo's）、比费特（Beefeater）、哥顿（Gordm's）。

5. 兰姆酒（Rum）

兰姆酒是甘蔗酿制而成的，常见的有百加地（Bacardi），船长酿（Captain's reserve）。

6. 甜酒（Ligueurs）

甜酒（又称利口酒），一般叫作"力乔"。酿制方法是在白兰、威士忌、兰姆、琴酒、伏特加、葡萄酒中加入一定的"加味饮料",如果皮、砂糖、香料等,经蒸馏、浸泡、熬煮而成。常见的有方利咖啡酒(Tian Maria)、克罗克咖啡酒(Kahlna)、金万列香橙白兰地(Grand Marnier)、绿薄荷酒(Peppermint Green)、鲜橙甜酒(Orange Curawao)。

7. 烈口—加香料甜酒

烈口和加香料是同义的,它是一种用蒸馏法重新提取的中性烈酒和水果、花卉、香草、种子、植物根、植物或其他甜的、有颜色的酒混合起来制成的,具有高浓度的甜香味酒。常见的确良有艾酒(Absinthe)、紫罗兰甜酒(Creme de riolette)、河曼(Amer)、毕康(Picon)、柑香酒(Curacao)、樱桃酒、杏子酒、香蕉酒、可可香草甜酒等。

8. 香槟酒

香槟酒是一种含有气体的葡萄酒。味甜,不含高量酒精,很受大众喜爱。常见的品牌有宝林歇(Bollinger)、莫埃武当(Moetchandon)。

9. 日本米酒

日本米酒制法近似中国的黄酒。一般经洗料、蒸煮、发酵、加饭、过滤、陈酿后提取而成。常见的有呋、屠苏、清酒。

子项目四:啤酒常识实训

一、实训目的

通过啤酒的常识实训学习,使学生掌握啤酒的知识,这对于提高餐饮服务质量十分重要。

二、实训时间

实训授课 1 学时,共计 45 分钟。其中,示范讲解 10 分钟,学员操作 30 分钟,考核测试 5 分钟。

三、实训准备

实训场地准备:模拟餐厅。
实训用品准备:口布、托盘、啤酒、啤酒杯若干。
仪容仪表准备:与课人员身着职业装,女生化淡妆、盘发。

四、实训方法

由老师进行示范,然后 6 人一组,每人分别进行实际操作。

五、实训内容

啤酒是以大麦为原料,啤酒花为香料,经过制麦芽、糖化、发酵而制成的含酒精最低的原汁酒。含有充沛的二氧化碳和丰富的营养成分,是发热量最高的饮料。它含水量有 11 种维生素,17 种氨基酸,并多以液体状态存在于酒液中,1 升啤酒经消化后产生的热量相当于 10 个鸡蛋或 500 克瘦肉或 250 克面包或 200 毫升牛奶,故有"液体面包"之誉。常饮有帮助消化、健脾胃、增进食欲的作用。

（一）啤酒的分类

啤酒的分类方法有以下三种：

1. 根据啤酒是否经过灭菌处理程序分

根据啤酒是否经过灭菌处理，可分为生啤和熟啤两类。

（1）生啤酒：也称鲜啤酒，北方地区有的称渣啤酒。它是没有经过灭菌的啤酒。它的发酵时间较短，酒中还存有活酵母。因此如温度稍高或存放时间较长，就会出现浑浊现象，只宜当地产销。鲜啤酒口味鲜爽，多为低度啤酒，是夏天消暑佳品。

（2）熟啤酒：是装配加盖后，经过高温将啤酒内酵母菌杀死的啤酒，所以稳定性较好，多为中浓度啤酒，一般可保存 60 天以上，可远销外地或出口。

2. 根据麦汁浓度分

根据麦汁浓度可分为低浓度、中浓度、高浓度三种。

低浓度啤酒：多为鲜甜酒，其浓度（以麦汁浓度计）在 7%～8%之间，含酒精量在 2%以下。中浓度啤酒：其浓度在 14%～20%之间，含酒精约 5%。许多高级啤酒和黑啤酒多属于高浓度啤酒。

3. 根据啤酒颜色分

根据啤酒颜色的深浅不同，可以分黄啤酒和黑啤酒两种。

（1）黄啤酒：色浅黄透明，又称浅黄色啤酒。口味清爽，酒花香气突出。我国消费习惯以黄啤酒为主，并以色浅为佳。

（2）黑啤酒：或称深色啤酒，是用一部分高温烘烤的焦香长麦芽作原料发酵而成，呈咖啡色，富有光泽，麦汁浓度较高，发酵度较低，口味较醇厚，有明显的麦芽香味，氨基酸含量也高一些。

（二）啤酒的成分

啤酒的成分中，水占 90%，其他约占 10%，包括：

（1）酒精。酒精的含量通常为 1.8%～5%，多数不超过 4%。

（2）二氧化碳。啤酒的二氧化碳含量通常要求不低于 0.3%（以重量计），它使啤酒口味清凉爽口、泡沫丰富，是啤酒能成为清凉饮料的重要因素之一。为保证啤酒中二氧化碳的含量，以存放在较低的温度下为好。

（3）浸出物。啤酒浸出物包括糖类、含氮物、甘油、酸类、矿物质等，其中糖类占浸出物总量的 80%，含氮物不到 1%。它们中多数是营养性物质，其含量随麦汁浓度高低而有别，浓度高者含量高。

（4）总酸。啤酒的总酸主要包括一些酸性磷盐和少许乳酸、草酸、琥珀酸等，它们与啤酒的风味有关，含量应控制在 1.8%～3%之间，如含量增加会使啤酒风味变坏。

（三）名牌啤酒介绍

我国名牌啤酒很多，如青岛、五星、雪花、珠江、海珠等，现择其中较为著名的啤酒介绍如下：

（1）青岛啤酒。

青岛啤酒生产始于 1903 年，产于山东省青岛市，属淡色啤酒，酒精度 3.5%左右，麦芽汁浓度 12%。这种啤酒是选用较好的大麦为原料，先制成麦芽，再经糖化，制造时添加该厂生产的优质酒花，经煮沸、冷却发酵、贮藏等工序制成，产品的特点是色淡黄，清澈透明，泡沫洁白，细腻而持久，具有显著的酒花麦芽清香及酒花特有的苦味，饮时爽口。

（2）五星啤酒。

五星啤酒是北京双合盛啤酒厂的产品。它选用优质麦芽、优级酒花，用上等大米为原料，操作工艺精细，它的酒精度为 3.5%，麦芽汁浓度为 14%。五星啤酒为淡黄色，清亮透明有光，二氧化碳充足，泡沫洁白细腻、持久，有浓郁的酒花香和麦芽香，口感醇浓、爽口。

近年来，随着改革开放，引进外资，一批拥有先进生产设备和先进促销手段的啤酒厂崛起，如生力啤酒、蓝带啤酒等，它们在国内市场具有较大的影响，市场上有一定的竞争力。

（四）啤酒质量鉴别

在鉴别啤酒质量时，应从以下几个方面着眼：

（1）透明度：酒液清澈有光，无悬浮物，无沉淀物。

（2）色泽：黄啤酒应以淡金黄为优，黑啤酒应呈深咖啡色，其鉴定方法除观察外，可用色值表示。即在 100 毫升的蒸馏水中加入 0.1N 碘液，以其达到与被鉴定的啤酒色泽一致时的毫升数，表示啤酒色值的大小。黄啤酒的色值要求为 0.35～0.6 毫升，黑啤酒要求在 3 毫升以上。

（3）泡沫：泡沫对啤酒质量有特殊意义，要求啤酒倒入杯中有泡沫升起，细腻洁白，能挂杯，消失慢（要保持 3～5 分钟）。

（4）香气和滋味：黄啤酒要求酒花清香突出，黑啤酒要求有明显的麦芽香。滋味应具有爽口的感觉，黑啤酒还要口味醇厚。

（五）啤酒的贮存

啤酒是易坏的饮品，它对外来的气味最敏感，对空气中的细菌易感染，又怕强光，要单独贮存在干净通风的酒窖中。另外，还应注意贮存环境的清洁、温度和压力，这些因素与啤酒的质量密切相关。如生啤宜存于 5℃～10℃，熟啤宜存于 10℃～25℃。

（六）饮用与服务

啤酒的饮用不分季节，而且佐用任何食物都可以，但浓奶油为佐料的菜和甜食除外，啤酒最宜佐用各种肉类及菜肴，有时也可用来调酒。

啤酒的服务操作比人们想象的要复杂得多，优质的啤酒服务，通常应考虑到三个方面的内容：啤酒的温度、杯子（或称分装容器）的洁净程度和压力。

（1）啤酒的最佳饮温是 8℃～11℃，高级的啤酒饮温略高，约 12℃，太冷，酒会变味而混浊，气泡消失；温度太高，酒里的气会跑掉，跑气的啤酒称作野啤酒（Wild Beer）。

（2）啤酒杯一定要提前洗干净，热洗冷刷，不必拭干。油渍是啤酒泡沫的大敌，切勿用手指触及啤酒杯内壁，忌将酒杯与其他餐具同洗。

（3）瓶装、罐装啤酒斟酒时，有两种方法：一是先将酒杯微倾，顺壁倒入 2/3 的无沫酒液，再将酒杯放正，采用段注法，使泡沫产生；二是倒酒至杯子 2/3 处，然后待泡沫稍平息，再将酒慢慢倒入，使泡沫徐徐上升，酒液与酒头（泡沫）的比例为 5∶1 为佳。

（4）压力啤酒斟酒时，先将开关开好开足，忌晃酒瓶。另外还有桶装的"扎啤"，常通过机器先装入啤酒壶再倒入啤酒杯，亦有直接倒入酒杯的。

实训项目五：上菜与分菜服务实训

子项目一：中餐上菜实训

中华饮食，源远流长。在这自古为礼仪之邦，讲究民以食为天的国度里，饮食礼仪自然成为饮食文化的重要组成部分。中国人常说"民以食为天"，这反映出饮食文化对中国人的重要性。中国人不但热衷饮食，而且还很讲究饮食礼仪。

一、实训目的

通过中餐上菜服务的实训学习，使学生掌握中餐上菜的服务技巧。

二、实训时间

实训授课 1 学时，共计 45 分钟。其中，示范讲解 10 分钟，学员操作 30 分钟，考核测试 5 分钟。

三、实训准备

实训场地准备：模拟餐厅。
实训用品准备：餐桌、碗、筷、骨碟、盘、烟灰缸等若干。
仪容仪表准备：与课人员身着职业装，女生化淡妆、盘发。

四、实训方法

由老师进行示范，然后 6 人一组，每人分别进行实际操作。

五、实训内容

1. 上菜顺序

中餐上菜根据不同的菜系，就餐与上菜的顺序会有一点不同，但一般的上菜顺序是先上冷菜便于佐酒，然后视冷菜食用的情况，适时上热菜，最后上汤菜、点心和水果。上菜时应该注意正确的端盘方法，端一个盘子时用大拇指紧贴盘边，其余四指扣住盘子下面，拇指不应该碰到盘子边的上部，更不允许留下手印或者手指进入盘中，这样既不卫生也不礼貌。

2. 上菜方法与要求

（1）上菜时，可以将凉菜先行送上席。当客人落座开始就餐后，餐厅员工即可通知厨房做好出菜准备，待到凉菜剩下 1/3 左右时，餐厅员工即可送上第一道热菜。当前一道菜快吃完时，餐厅员工就要将下一道菜送上，不能一次送得过多，使宴席上放不下，更不能使桌上出现菜肴空缺的情况，让客人在桌旁干坐，这既容易使客人感到尴尬，也容易使客人因无菜下酒喝醉。

（2）餐厅员工给客人提供服务时，一般要以第一主人作为中心，从宴席的左面位置上菜，撤盘时从宴席的右侧位置开始。上菜或撤盘时，都不应当在第一主人或主宾的身边操作，以免影响主客之间的就餐和交谈。

上热菜时应坚持"左上右撤"的原则。"左上"即侧身站立在坐席左侧用左手上菜；"右撤"即侧身站立于坐席右侧用右手撤盘。

（3）凡是上带有调味佐料的热菜，如烤鸭、烤乳猪、清蒸蟹等菜肴要一同上桌，切忌遗漏忘记上桌，一次性上齐，并且可以略作说明。

（4）几种特殊菜肴上桌的方法：锅巴虾仁应该尽快上桌，将虾仁连同汤汁马上倒入盘中锅巴上，保持热度和吱吱的声响。清汤燕菜这类名贵的汤菜应该将燕窝用精致盘子上桌后，由服务人员当着客人的面下入清汤中。上泥包、纸包、荷叶包的菜时，餐厅员工应先将菜拿给客人观赏，然后再送到操作台上，在客人的注视下打开或打破，然后用餐具分到每一位客人的餐盘中。如果先行打开或打破，再拿到客人面前来，则会失去菜的特色，并使这类菜不能保持其原有的温度和香味。

（5）菜肴上有孔雀、凤凰图案的拼盘时，应当将其正面放在第一主人和主宾的面前，以方便第一主人与主宾欣赏。

（6）第一道热菜应放在第一主人和主宾的前面，没有吃完的菜则移向副主人一边，后面的菜可遵循同样的原则。

（7）遵循"鸡不献头，鸭不献尾，鱼不献脊"的传统礼貌习惯，即在给客人送上鸡、鸭、鱼一类的菜时，不要将鸡头、鸭尾、鱼脊对着主宾。而应当将鸡头与鸭头朝右边放置。上整鱼时，由于鱼腹的刺较少，肉味鲜美腴嫩，所以应将鱼腹而不是鱼脊对着主宾，表示对主宾的尊重。

3. 摆菜

（1）摆菜时不宜随意乱放，而要根据菜的颜色、形状、菜种、盛具、原材料等因素，讲究一定的艺术造型。

（2）中餐宴席中，一般将大菜中的头菜放在餐桌中间位置，砂锅、炖盆之类的汤菜通常也摆放在餐桌中间的位置。散座中可以将主菜或高档菜放到餐桌中心位置。

（3）摆菜时要使菜与客人的距离保持适中，散座中摆菜时，应当将菜摆放在靠近小件餐具的位置上。餐厅经营高峰中两批客人同坐于一个餐桌上就餐时，摆菜要注意分开，不同批次客人的菜向各自方向靠拢，而不能随意摆放，否则容易造成误解。

（4）注意好菜点最适宜观赏一面位置的摆放。要将这一面摆在适当的位置，一般宴席中的头菜，其观赏面要朝向正主位置，其他菜的观赏面则对向其他客人。

（5）当为客人送上宴席中的头菜或一些较有风味特色的菜时，应首先考虑将这些菜放到主宾与主人的前面，然后在上下一道菜时再移放餐桌的其他地方。

子项目二：西餐上菜实训

"西餐"一词来源于它产生的地理位置。"西"是西方的意思，一般指西方各国。"餐"就是饮食菜肴。我们通常所说的西餐不仅包括西欧国家的饮食菜肴，也包括东欧各国，还包括美洲、大洋洲、中东、中亚、南亚次大陆以及非洲等国的饮食。西餐一般以刀叉为餐具，以面包为主食，多以长型桌台为台形。

一、实训目的

通过西餐上菜服务的实训学习，使学生掌握西餐上菜的服务技巧。

二、实训时间

实训授课 1 学时，共计 45 分钟。其中，示范讲解 10 分钟，学员操作 30 分钟，考核测试 5 分钟。

三、实训准备

实训场地准备：模拟餐厅。

实训用品准备：西餐桌、餐刀、餐叉、餐盘等若干。

仪容仪表准备：与课人员身着职业装，女生化淡妆、盘发。

四、实训方法

由老师进行示范，然后 6 人一组，每人分别进行实际操作。

五、实训内容

1. 西餐上菜的基本要求

（1）餐厅员工在提供西餐上菜服务中，总体顺序是先女主宾后男主宾，然后服务主人与一般来宾。

（2）餐厅员工应用左手托盘，右手拿叉匙为客人提供服务。服务时，员工应当站在客人的左边。

（3）西餐菜肴上菜要"左上右撤"，酒水饮料要从客人的右侧上。法式宴会所需食物都是用餐车送上，由服务员上菜，除面包、黄油、色拉和其他必须放在客人左边的盘子外，其他食物一律从右边用右手送上。

2. 西餐上菜的方式

（1）法式上菜方式特点是将菜肴在宾客面前的辅助服务台上进行最后的烹调服务，法式服务由两名服务人员同时服务，一名负责完成桌边的烹调制作，另一名负责为客人上菜，热菜用加温的热盘，冷菜用冷却后的冷盘。

（2）俄式上菜方式与法式服务相近，但所有菜肴都是在厨房完成后，用大托盘送到辅助服务台上，然后顺时针绕台将餐盘从右边摆在客人面前。上菜时服务人员站立在客人的左侧，左手托银盘向客人展示菜肴，然后再用服务叉、勺配合分菜至客人面前的餐盘中，以逆时针的方向进行分菜服务，剩余菜肴送回厨房。

（3）英式上菜方式是从厨房将菜肴盛装好的大餐盘放在宴会首席的男主人面前，由主人将菜肴分入餐盘后递给站在左边的服务员，由服务人员分给女主人、主宾和其他宾客。各种调料与配菜摆在桌上，也可以由宾客自取并互相传递。

（4）美式上菜方式比较简单，菜肴由厨房盛到盘子中。除了色拉、黄油和面包，大多数菜肴盛在主菜盘中，菜肴从左边送给宾客，饮料酒水从右边送上，用过的餐具由右边撤下。

子项目三：分菜服务实训

一、实训目的

分菜，是餐厅服务中技术性很强的技能，根据每种菜式的不同特点采用不同的分菜方法。通过分菜服务的实训学习，使学生掌握分菜的技巧。

二、实训时间

实训授课 2 学时，共计 90 分钟。其中，示范讲解 20 分钟，学员操作 60 分钟，考核测试 10 分钟。

三、实训准备

实训场地准备：模拟餐厅。

实训用品准备：分菜叉、分菜勺、公用勺、公用筷、长把汤勺及相应的菜肴等。

仪容仪表准备：与课人员身着职业装，女生化淡妆、盘发。

四、实训方法

由老师进行示范，然后 6 人一组，每人分别进行实际操作。

五、实训标准

（一）中餐分菜服务（表 4-5）

表 4-5　中餐分菜程序与步骤

服务程序		工 作 步 骤
桌面分菜	准备用具	（1）分鱼、禽类菜品时，准备一刀、一叉、一匙 （2）分炒菜时准备匙、叉各一把，或一双筷子、一把长柄匙
	1．分菜	（1）由两名服务员配合操作，一名服务员分菜，一名服务员为客人送菜 （2）分菜服务员站在副主人位右边第一个位与第二个位中间，右手执叉、匙夹菜，左手执长柄匙接挡，以防菜汁滴落在桌面上 （3）另一名服务员站在客人的右侧，把餐盘递给分菜的服务员，待菜肴分好后将餐盘放回客人面前
	2．上菜	上菜的顺序：主宾、副主宾、主人，然后按顺时针方向分送
服务桌分菜	1．准备用具	在客人餐桌旁放置服务桌，准备好干净的餐盘，放在服务桌上的一侧，备好叉、匙等分菜用具
	2．展示	每当菜品从厨房传来后，服务员把菜品放在餐桌上向客人展示，介绍名称和特色，然后放到服务桌上分菜
	3．分菜	分菜服务员在服务桌上将菜品均匀、快速地分到每位客人的餐盘中
	4．上菜	菜分好后，由服务员将餐盘从右侧送到客人面前，顺序与桌面分菜相同

（二）中餐整鱼服务（表4-6）

表4-6　中餐整鱼服务程序与步骤

服务程序	工　作　步　骤
1．报菜名	上鱼时先报菜名，向客人展示后，撤至服务桌，鱼尾向右
2．剔鱼脊骨	（1）服务员左手持叉，右手持刀，用叉轻压鱼背，以避免鱼在盘中滑动，叉不能叉进鱼肉中，用刀在鱼头下端切一刀，在鱼尾切一刀，将鱼骨刺切断 （2）用餐刀从鱼头刀口处沿鱼身中线，刀刃向右将鱼肉切开至鱼尾刀口处 （3）将刀叉同时插入鱼中线刀口处，用叉轻压鱼身，用餐巾沿中线将鱼肉两边剔开，让整条骨刺露出来 （4）左手轻压脊骨，右刀从鱼尾刀口处刀刃向左将鱼骨整条剔出，放在一旁的餐碟上
3．整理成形	用刀叉将鱼肉合上，整成鱼原型，再将鱼身上的佐料稍为整理，保持鱼型美观，然后端上餐桌

（三）中餐带骨、带壳和块状菜品的服务（表4-7）

表4-7　中餐带骨、带壳和块状菜品的服务程序与步骤

服务程序	工　作　步　骤
1．上刀叉	（1）当客人点了体积较大的块状食物时，在上菜之前须为客人摆上刀叉 （2）将刀叉整齐放在铺上餐巾的托盘上，然后摆在餐碟位的两侧；左叉右刀，刀叉平行，叉齿向上，刀叉向左，刀叉柄指向桌边
2．上洗手盅	（1）当客人点了虾、蟹或鸡翅等带骨、壳的菜品时，服务员须送上温度适中的柠檬水洗手盅 （2）使用托盘送给每位客人一份，摆在餐位的右上方，同时要礼貌地向客人说明用途
3．上毛巾	递送小毛巾并敬送茶水
4．撤餐具	（1）客人用毕该道菜并洗手后，将洗手盅、茶具和小毛巾撤下 （2）当客人吃完该道菜后，及时将刀叉撤下

六、实训内容

分菜服务常见于西餐的分餐制服务中，在一些中餐的高级宴会上也在使用。分菜服务就是在客人观赏后由服务人员主动均匀地为客人分菜分汤，也叫派菜或让菜。西餐中的美式服务不要求服务员掌握分菜技术，俄式服务要求服务员有较高的分菜技术，法式服务要求服务员有分切技术。分菜服务可以有效体现餐饮服务的品质，因此服务人员必须熟练掌握服务技巧。

1．分菜的工具

（1）中餐分菜的工具：分菜叉（服务叉）、分菜勺（服务勺）、公用勺、公用筷、长把勺等。

（2）俄式服务的分菜工具：叉和勺。

（3）法式服务的分切工具：服务车、分割切板、刀、叉、分调味汁的叉和勺。

2. 分菜工具的使用方法

（1）中餐分菜工具的使用方法。

① 服务叉、勺的使用方法：服务员右手握住叉的后部，勺心向上，叉的底部向勺心；在夹菜肴和点心时，主要依靠手指来控制；右手食指插在叉和勺把之间，与拇指酌情合捏住叉把，中指控制勺把，无名指和小指起稳定作用；分带汁菜肴时用服务勺盛汁。

服务叉勺的握法有以下几种。

指握法：将一对服务叉勺握于右手，正面向上，叉子在上方，服务勺在下方，横过中指、无名指与小指，将叉勺的底部与小指的底部对齐并且轻握住叉勺的后端，将食指伸进叉勺之间，用食指和拇指尖握住叉勺，如图 4-20 所示。

图 4-20

指夹法：将一对叉勺握于右手，正面向上，叉子在上，服务勺在下方，使中指及小指在下方而无名指在上方夹住服务勺。将食指伸进叉勺之间，用食指与拇指尖握住叉子，使之固定，此种方法使用灵活，如图 4-21 所示。

图 4-21

右勺左叉法：右手握住服务勺，左手握住服务叉，左右来回移动叉勺，适用于体积较大的食物派送，如图 4-22 所示。

图 4-22

② 公用勺和公用筷的用法：服务员站在与主人成 90°角的位置，右手握公用筷，左手持公用勺，相互配合将菜肴分到宾客餐碟之中。

③ 长把汤勺的用法：分汤菜，汤中有菜肴时需用公用筷配合操作。

（2）俄式分菜用具的使用方法。

一般是匙在下，叉在上。右手的中指、无名指和小指夹匙，拇指和食指控制叉，五指并拢，完美配合。这是俄式服务最基本的技巧。

（3）法式切分工具的使用方法。

① 分让主料：将要切分的菜肴取放到分割切板上，再把净切板放在餐车上。分切时左手拿叉压住菜肴的一侧，右手用刀分切。

② 分让配料、配汁：用叉勺分让，勺心向上，叉的底部向勺心，即叉勺扣放。

3. 分菜的方法

（1）桌上分让式：服务员站在客人的左侧，左手托盘，右手拿叉与勺，将菜在客人的左边派给客人。一般适用于分热炒菜和点心。

（2）二人合作式：由两名服务员配合操作，一名服务员右手持公用筷，左手持长把公用勺，另一名服务员将每一位客人的餐碟移到分菜服务员近处，由分菜服务员分派，另一位服务员从客人左侧为客人送菜。

（3）旁桌分让式：先将菜在转台向客人展示，由服务员端至备餐台，将菜分派到客人的餐盘中，并将各个餐盘放入托盘中，托送至宴会桌边，用右手从客位的右侧放到客人的面前。一般用于宴会。

4. 分菜的基本要求

（1）将菜点向客人展示，并介绍名称和特色后，方可分让。大型宴会，每一桌服务人员的派菜方法应一致。

（2）分菜时留意菜的质量和菜内有无异物，及时将不合标准的菜送回厨房更换。客人表示不要此菜，则不必勉强。此外应将有骨头的菜肴，如鱼、鸡等的大骨头剔除。

（3）分菜时要胆大心细，掌握好菜的份数与总量，做到分派均匀。

（4）凡配有佐料的菜，在分派时要先沾上佐料再分到餐碟里。

5. 特殊情况的分菜方法

（1）特殊宴会的分菜方法。

① 客人只顾谈话而冷淡菜肴：遇到这种情况时，服务员应抓住客人谈话出现短暂的停顿间隙，向客人介绍菜肴并以最快的速度将菜肴分给客人。

② 主要客人带有少年儿童赴宴：此时分菜先分给儿童，然后按常规顺序分菜。

③ 老年人多的宴会：采取快分慢撤的方法进行服务。分菜步骤可分为两步，即先少分再添分。

（2）特殊菜肴的分让方法。

① 汤类菜肴的分让方法：先将盛器内的汤分进客人的碗内，然后再将汤中的原料均匀地分入客人的汤碗中。

② 造型菜肴的分让方法：将造型的菜肴均匀地分给每位客人。如果造型较大，可先分一半，处理完上半部分造型物后再分其余的一半。也可将食用的造型物均匀地分给客人，不可食用的，分完菜后撤下。

③ 卷食菜肴的分让方法：一般情况是由客人自己取拿卷食。如老人或儿童多的情况，就需要分菜服务。方法是：服务员将碟摆放于菜肴的周围；放好铺卷的外层，然后逐一将被卷物放于铺卷的外层上；最后逐一卷上送到每位客人面前。

④ 拔丝类菜肴的分让方法：由一位服务员取菜分类，另一位服务员快速递给客人。

实训项目六： 餐具上桌实训

一、实训目的

通过餐具上桌的实训学习，使学生掌握餐具上桌的服务技巧。

二、实训时间

实训授课 1 学时，共计 45 分钟。其中，示范讲解 10 分钟，学员操作 30 分钟，考核测试 5 分钟。

三、实训准备

实训场地准备：模拟餐厅。

实训用品准备：餐桌、餐具、骨碟、托盘等。

仪容仪表准备：与课人员身着职业装，女生化淡妆、盘发。

四、实训方法

由老师进行示范，然后 6 人一组，每人分别进行实际操作。

五、实训内容

（一）端盘动作

端盘，是指用手端盘碟碗。主要适用于中小型餐厅，用在端饭菜的时候。端时要求服务人员上身垂直，两臂自然放松，一般均用左手单手端盘（端时上下臂成 90°角），右手留空做其他工作（如在行走时随时排除前方障碍等）。端盘的动作培训可分为下列几项内容：

1. 端盘的手法要求

（1）单手端一个盘（碗）的方法是：食指、中指、无名指勾托盘（碗）底边棱，拇指跷起稳压盘（碗）边，以正常速度前进，至桌前保持盘（碗）平稳，然后朝桌上轻放。如端鱼盘（椭圆形盘），应端短直径的一边，方法与上相同。

（2）单手端两盘的方法是：先用食指勾托盘底，拇指跷起稳压盘边，端起第一盘。然后再用无名指托住另一个盘，中指护在其边，食指压住使其平稳。

（3）单手端托三盘的方法是：左手食指和拇指自然平伸，将第一盘的边沿插入左手虎口（盘子的重心落在虎口以外），盘底托住第二盘，将第一盘的边沿下部，压住第二盘的盘边，并将第二盘边沿紧靠掌心，最后，用中指托住第三盘，将第二盘的边沿下部及食指根部稳压住第三盘的盘边。这样，即可使三只盘子均稳固牢靠。

（4）单手端四只以上的盘碗，便需在端三盘的基础上，依赖腕力和手臂，将第四只以上的盘碗交错搭靠，沿手臂逐渐重叠上去。需要注意的是，重叠时只可盘底搭盘边，切忌盘底触碰在饭菜上，污染了食品。这项技术现在餐厅中很少运用，此处便不作介绍。

（5）端盘总的要求是：

①各盘碗都要保持水平或稍向里倾斜，以防止外滑。如发生特殊情况使搁盘内滑时，即可用身体顶住滑动的盘碗，再请另外的服务员帮助调整一下。

②端盘碗时，左手大臂要保持水平，并可根据避让的需要做水平方向的灵活转动。

③徒手端托需要巧妙地运用指力、腕力和臂力。服务员只有在练好指力、腕力和臂力这一基本功的基础上，才能熟练地掌握和运用各种徒手端法。

2. 端盘的步法要求

端托行走是指端盘行走，端托行走是保证端托质量的重要一环。它的要求是：上身挺直，略向前倾，视线开阔，动作敏捷，精力集中，步伐稳健，精神饱满。

端托行走时常用五种步伐：

（1）常步：即是使用平常行进的步伐，要步距均匀，快慢适宜。

（2）快步：快步的步幅应稍大，步速应稍快，但不能跑，以免泼洒菜肴或影响菜形。主要用于端托送需要热吃的菜肴，如锅巴肉片、铁板牛肉、松鼠鳜鱼等，因上菜迟了会影响菜肴的风味质量。

（3）碎步：碎步就是使用较小的步幅，较快的步速行进。主要适用端汤。这种步伐可以保持上身平稳，避免汤汁溢出。

（4）垫步：垫步即是一只脚在前，一只脚在后，前脚进一步，后脚跟一步的行步方法。此种步伐，一是在穿行狭窄的过道时使用；二是在进步中突然遇到障碍时或靠边席桌需减速时使用。

（5）跑楼步伐：跑楼步伐是服务员端托上楼时所使用的一种特殊步伐。其要求是：身体向前弯曲，重心前倾，一步紧跟一步，不可上一步停一下。

（二）托碟技巧

托碟服务是餐厅服务员的基本功，它不但美观好看，而且还能够提高效率。

1. 托两个碟的技巧

（1）在取菜后，上菜时盘中的主菜始终应朝向客人面前，记住第一个放在左手上的菜将是最后上到餐桌的菜。

（2）将第一盘菜放在左手拇指及食指之间，如果盘子是热的，用服务巾垫上。

（3）然后将第二盘菜放在左手前臂的前方，盖住第一盘菜的碟边，用拇指后部及无名指、小指托住碟边。

（4）这样就可以用右手托第三个碟子，注意用服务巾。

（5）托碟时，稍向两边展开双臂，肩略向后靠，这样托碟会稍感觉轻松一点。

（6）只有在空间局限的情况下才将餐碟放到身体的前面。

（7）将菜送到客人面前，站在客人椅子的右后角，左手托的餐碟稍向后展开，避免碰触客人头部。

（8）身体略向前倾，用右手从客人右边上菜。

（9）上菜时应一步到位将盘中的主菜（鱼、肉等）面朝客人，蔬菜等配菜在餐碟的上部。

（10）依次服务下一个客人，用右手将左手上的菜从客人右边上菜。

（11）逆时针方向按程序依次上菜。

2. 托三个碟的技巧

如果服务要求四个菜同时上到客人的餐桌，这时需要用到三个碟的托碟方法。

（1）将第一盘菜放在左手拇指及食指中间（同两个碟的托碟方法），如果盘子是热的，用服务巾垫上。

（2）将第二盘菜放入左手掌心，使第一盘菜的碟边压着第二盘菜的碟边，同时用无名指和小指托住。

（3）将第三盘菜放在左手前臂，碟边扣在第二盘菜的碟边上。

（4）用右手托第四盘菜。

（5）托碟时稍向两边展开双臂，肩略后靠，这样托碟会稍感觉轻松一点。

（6）只有在空间局限的情况下才将餐碟放到身体前面。

（7）将菜送到客人面前，站在客人椅子的右后角，左手托的餐碟稍向后展开，避免碰触客人头部。

（8）身体略向前倾，用右手从客人右边上菜。

（9）依次服务下一个客人，用右手将左手上的第三盘菜从客人右边上菜。

（10）逆时针方向按程序依次上菜。

实训项目七： 撤换菜品及餐、酒用具实训

一、实训目的

通过撤换菜品及餐、酒用具的实训学习，使学生掌握中餐撤换菜品及餐、酒用具的技巧，在工作中，既能清洁、卫生、方便客人使用，又能体现餐饮服务的操作水平。

二、实训时间

实训授课 1 学时，共计 45 分钟。其中，示范讲解 10 分钟，学员操作 30 分钟，考核测试 5 分钟。

三、实训准备

实训场地准备：模拟餐厅。
实训用品准备：餐桌、餐具、骨碟、托盘、服务巾等。
仪容仪表准备：与课人员身着职业装，女生化淡妆、盘发。

四、实训方法

由老师进行示范，然后 6 人一组，每人分别进行实际操作。

五、实训标准

1. 餐盘撤换时机

(1) 客人在用完冷菜之后，餐厅准备上热菜之前。
(2) 荤菜与素菜交替食用之时。
(3) 上甜点与水果之前。
(4) 当客人吃过汤汁较为浓厚的菜后。

2. 撤换餐盘操作要求

(1) 撤换餐盘时应注意礼貌，站在客人的右侧用右手将餐盘撤回放到托盘中。
(2) 撤盘时不拖曳，不能当着客人的面刮擦脏盘，不能将汤水及菜洒到客人身上。
(3) 如果客人还要食用餐盘中的菜，餐厅员工应将餐盘留下或在征得客人的意见后将菜并到另一个餐盘中。
(4) 撤盘时，应将吃剩的菜或汤在客人右边用碗或盘装起来，然后将同品种、同规格的盘按直径由大到小的顺序自下而上摆放整齐。

六、实训内容

在餐饮服务中，适时撤换菜品及餐、酒用具是餐厅服务员的一项重要工作，餐厅服务员

应在餐前准备好充足的所需物品，并注意撤换的时机、次数和方式。

1. 撤换菜肴、食品

在高档中餐宴会中，一般上新菜撤旧菜，桌面上只保持一个菜。一般宴会，餐桌上一般保持五个菜以下，如数量过多就会影响整个餐桌整洁美观。普通的宴席为了保持桌面的丰盛也可把残菜撤下换上小盘，整理好重新上桌，这样做既可保持桌面的丰盛，又可保持桌面美观。

在中高档宴会中，餐厅服务员分好菜，宾客品尝完毕后，在下一道菜上桌前就应将前一道菜撤下，但要注意撤菜不可过快，客人如需要继续食用的菜肴不能撤下，不可让客人扫兴。菜肴食品的撤换应按就餐客人进餐速度的快慢来决定，适时地撤换餐桌上的残菜。撤菜盘时要使用托盘，在上菜的位置撤菜盘，注意动作要轻、要稳。撤盘时切忌用力拉，以免汤汁溢出，同时要注意不要将菜盘从就餐客人的头上撤下，更不能把菜汁滴洒在宾客的身上或桌面上。

2. 撤换餐、酒用具

较高级的酒席或宴会，往往需要两种以上酒水饮料，并配有冷、热、海鲜、汤、羹等不同的菜品，这些菜品采用炒、烩、扒、煎等不同的烹饪方法，因此，在宴会进行中需要不断地更换餐具、用具。这样做主要是为了丰盛宴席，提高宴席档次，搞好餐桌卫生，使菜肴不失其色，保持原汁原味，突出特点，增加美观。

（1）撤换骨碟。

撤换骨碟时要用左手托托盘，右手撤换，从第一主宾开始，沿顺时针方向进行。

换骨碟的正确方法是：将干净的骨碟摆放在客人的右侧，然后从客人的左侧将用过的骨碟撤下。用餐过程中服务员可视具体情况，灵活掌握，但遇到下列情况时应及时更换骨碟：

① 吃过冷菜换吃热菜时应更换骨碟。

② 吃过鱼腥味食物的骨碟，再吃其他类型菜肴时应更换骨碟。

③ 上风味特殊、汁芡各异、调味特别的菜肴时应更换骨碟。

④ 凡吃过甜菜、甜汤的盘和碗，须更换骨碟。

⑤ 洒落酒水、饮料或异物的骨碟应更换。

⑥ 碟内骨刺、残渣较多，影响雅观时应及时更换骨碟。

（2）撤换汤碗、汤匙。

在宴会中汤碗和汤匙盛过汤后，一般碗内难免会留下一定汤汁，如上第二道汤后，第二道汤再盛进去则会合两味为一味，影响汤的口味，故汤碗、汤匙盛过汤后，如再上第二道汤，则需撤换一副干净的汤碗和汤匙。

（3）撤换酒具。

① 宴席进行中，如客人提出更换酒水、饮料时，要及时更换酒具。

② 酒杯中洒落汤汁、异物时要及时更换酒具。

③ 换酒具时，从客人右侧按顺时针方向进行，酒具放在正确的位置上。操作时不得将酒杯相互碰撞，以免发出声响，打扰客人。

（4）撤换烟灰缸。

在宴席进行当中，餐厅服务员要随时注意烟灰缸的使用情况。高档宴会中，宾客使用的烟灰缸中满两个烟蒂就必须为宾客撤换烟灰缸。在撤换烟灰缸的时候，要注意先把干净的烟灰缸盖在用过的烟灰缸上，并将两个烟灰缸一并撤下，然后再把干净的烟灰缸放在餐桌上，这样可以避免在撤换时烟灰飞扬，有碍卫生。撤换烟灰缸与撤换餐碟、汤碗一样，也需要用托盘进行操作。另外，餐后收台时撤烟灰缸应先做防火安全检查，看是否有未熄灭的烟蒂，如有应进行及时处理，撤烟灰缸应作为一项单独的撤台程序。

3. 撤换毛巾、口布和台布

（1）更换小毛巾。

从宴会开始到宴会结束，席间应多次更换小毛巾，以示服务热情、礼貌和讲究卫生。上小毛巾的方法是：将小毛巾放在毛巾托内，装在托盘里，餐厅服务员左手端托盘，右手摆放，放在宾客的右侧，由宾客自取。也可将毛巾放在垫碟内，餐厅服务员用毛巾夹直接递给每一位客人。

（2）撤换口布、台布。

① 撤换口布、台布的要求。撤口布时应先将口布抖干净，清点数目，再把口布扎成 10 块 1 捆，这样做便于清点。撤台布是撤台工作的最后一道程序，餐台的各种餐饮用具撤清后，首先应注意台布上是否留有烟蒂、残菜等，如果有应先清理再撤台布。如台布上洒有大量的液体时，应采取晾台的方法，待台布晾干后再收起，以免台布发霉后洗不掉，不然既不雅观也不卫生，影响使用。

② 收台后撤台的步骤：撤口布；撤酒（饮）具；撤餐具；撤其他物件；撤台布。

实训项目八： 递毛巾和换烟灰缸服务实训

一、实训目的

通过递毛巾和换烟灰缸服务的实训学习，使学生掌握递毛巾和换烟灰缸服务的技巧。

二、实训时间

实训授课 1 学时，共计 45 分钟。其中，示范讲解 10 分钟，学员操作 30 分钟，考核测试 5 分钟。

三、实训准备

实训场地准备：模拟餐厅。

实训用品准备：餐桌、餐具、毛巾、烟灰缸、服务巾等。

仪容仪表准备：与课人员身着职业装，女生化淡妆、盘发。

四、实训方法

由老师进行示范，然后 6 人一组，每人分别进行实际操作。

五、实训内容

1. 递毛巾服务

在用餐前或用完餐后，递上一条冷毛巾或热毛巾都会让客人感到特别清新。毛巾可以喷上一些香水以增加温馨感。

什么时候使用什么毛巾，取决于当时的气候情况，不管在怎样的气候条件下，使用清香的毛巾总是受人欢迎的。

递送毛巾的程序：

（1）将卷好的毛巾整齐的放在一个服务碟中，配上毛巾夹或是分餐叉勺。

（2）用左手托住服务碟。

（3）从客人右边递送毛巾。

（4）用右手拿毛巾夹或是分餐叉勺，夹住毛巾的边角，这样在递送到客人面前时毛巾就会自动打开。

（5）按逆时针方向顺次服务，最后给主人。

（6）然后将服务碟放在餐桌的中央，这样客人可以将擦完的毛巾放在服务碟中。

（7）在客人放回毛巾后，将服务碟从餐桌上撤走。

2. 换烟灰缸

现在的许多餐厅都设有吸烟区和非吸烟区，更有一些餐厅是无烟餐厅，餐厅怎样设吸烟区以及是否放烟灰缸取决于餐厅自身的规定。

　　有些餐厅在开餐前的准备工作中不将烟灰缸预先摆放到餐桌上，而只有在客人吸烟时才往餐桌上放，这就要求餐厅服务员有极强的反应意识，在客人吸烟时立即将烟灰缸提供给客人。

　　经常更换烟灰缸，保持客人始终使用干净的烟灰缸是所有服务员必须具备的意识。

　　更换烟灰缸，服务员应不断地在餐厅中巡视餐桌，将脏的烟灰缸换掉，如果手上没有干净的烟灰缸，千万不要先把脏的烟灰缸拿走。

　　更换烟灰缸的程序在餐厅和酒吧服务中都一样，更换烟灰缸时必须首先将一个干净的烟灰缸覆盖在脏的烟灰缸上面以避免烟灰飞到餐桌上，拿走脏的烟灰缸后，马上放一个干净的到餐桌上。

实训项目九：茶水服务实训

一、实训目的

通过茶水服务的实训学习，使学生掌握正确的茶水服务方法。

二、实训时间

实训授课 1 学时，共计 45 分钟。其中，示范讲解 10 分钟，学员操作 30 分钟，考核测试 5 分钟。

三、实训准备

实训场地准备：模拟餐厅。

实训用品准备：茶杯、杯垫、茶叶若干、开水壶等。

仪容仪表准备：与课人员身着职业装，女生化淡妆、盘发。

四、实训方法

由老师进行示范，然后 6 人一组，每人分别进行实际操作。

五、实训内容

1. 茶叶的鉴别

茶叶的鉴别，目前仍以观感为主，即主要观察茶叶外形、净度、色泽及整碎情况。

（1）松紧：条索应以紧细、重实为好，松、细、碎为差；茶球应以细圆、重实为好；龙井等扁形茶，应以扁平、挺直为好。

（2）净度：茶叶应以无茶梗、茶籽和叶柄为好。

（3）色泽：红茶以油润、乌红为好；绿茶应翠绿有光。

（4）整碎：茶叶应整齐均匀、条型粗细应大致一致。

另外，将茶叶直接放入口中品感或泡入开水观察茶水颜色、闻香、品味、观茶叶叶形，也是鉴别的好方法。一般质量好的茶叶经泡制后，其茶水颜色清澈明亮，气味芳香持久，滋味鲜醇甘浓，茶叶叶形肥壮、透明。

2. 泡茶方法

因为茶多用开水冲泡，所以叫"泡茶"，另也称沏茶、冲茶。冲泡茶叶要注意水温，水温过高茶味会变苦涩；水温过低则茶叶浮而不沉，茶水不香，味不醇，淡而无味。用 70℃～80℃ 的水泡茶，可以保护茶的营养、味道和香气。泡茶第一次冲水不宜多，半杯或三分之一为好。待茶叶发散后再冲开水，"第一开"喝起来是最够味的。冲水后要马上盖上茶碗（杯、壶）盖，以防香气散掉。泡茶以陶瓷杯具（白瓷茶具和紫砂茶具）为最好。另外，玻璃茶具便于观赏，搪瓷茶具坚固耐用。泡茶之水以泉水为好，雨雪水、非碱地区的山麓溪水、清洁的江湖水、井水以及净化过的自来水次之。泡茶时间则要根据茶叶的质量和用茶量的多少而定。一般质量好的茶，冲泡时间宜短些，否则宜长些；用茶量多，冲泡时间宜短，反之则宜长。通常以泡 5 分钟左右为宜。一般茶叶可连续冲泡数次。

几种茶的泡制方法：

（1）红茶：取红茶 50 克，砂糖 30 克，将茶叶放入刷净的钢精锅内，注入开水约 0.7 千克上火烧沸，熬约 4～5 分钟后拿到旺火上，煮成茶卤（约剩 0.5 千克），用过滤网过滤，装入瓷壶即成，上台时每杯倒入茶卤 50 克，兑上开水即可。

（2）香桃茶：用茶卤 50 克，香桃 2 片，糖 30 克，将茶卤倒入碗、杯内，兑上开水即成。

（3）奶茶：将茶卤 50 克倒入碗、杯内，兑入适量开水、牛奶即成。或将茶包放入碗内泡出味，将茶包提开，再加入适量糖奶即可。

（4）青茶泡：将花茶 5 克收入涮净的瓷壶内，用 2.5 千克开水冲入壶内，盖上盖焖 15 分钟即成。水壶忌带油渍，以免影响茶味。

（5）菊花加糖：先将菊花用茶壶泡好，冲于杯内，再因客人喜好加入适量的糖。

（6）餐厅普通泡茶：餐厅中普通泡茶，多先放适量茶叶于茶壶内，然后加开水至壶的九成盖上盖，斟给客人。

3. 斟 茶

斟茶是茶水服务中的基本功，现将有关要求介绍如下：

（1）茶泡好后，应等客人坐好后，再加入开水，一般倒茶水应以七八分满为好。有些地方也有茶倒五分的，可顺当地之规。

（2）倒茶水时，应用右手拿壶把，左手轻按壶盖（左手有托盘例外），或右手拿把，左手托壶硗。倒茶顺序也应和斟酒顺序相似，倒完茶水后，壶嘴不要对向客人。

（3）倒茶水时，要注意让茶礼节。服务员斟好茶应礼貌地说一声"请用茶"，并可辅以适当手势。

（4）斟倒茶时，应从客人右边斟茶，并要先讲"请让一下"，提醒客人，以免烫着客人。

六、名茶简介

（1）祁红：祁红茶以安徽祁门一带产的最有名，是世界名茶。特点是外形紧细，色泽油润，香气浓烈，味厚甜和，水色红亮。

（2）滇红：滇红茶以云南西双版纳产的最好，在全世界享有盛名。特点是条索肥茶，金黄色毫尖，滋味浓厚，水色鲜艳带有金黄色。

（3）毛尖：毛尖茶是河南省的著名特产，尤以信阳地区的最佳，故又称信阳毛尖。其主要特点是外形紧细，峰苗挺秀，芽叶鲜嫩，水色清绿，滋味醇厚，香气清远。

（4）福建乌龙茶：乌龙茶以福建产的最著名。其中"岩茶"是珍品，以武夷山产的为最好；"铁观音"为优良品种，以安溪县产的为最佳；"水仙"是上品，以崇安、建瓯产的最有名气。乌龙茶的最大特点是香气馥郁，回味悠长，耐冲泡，有减肥美容之妙用。

（5）龙井：龙井茶产于杭州郊区和西湖附近，有狮峰龙井、梅坞龙井、西湖龙井三个品种，以狮峰龙井为最佳。其主要特点是色绿，香郁，味甘醇，形美，水色清亮。

（6）碧螺春茶；以江苏吴县太湖之滨的东西洞庭湖产的为最佳，其主要特点是条索纤细，卷曲成螺，茸毛披覆，银绿隐翠，泡水碧清，伸展的叶子如雀舌，味醇气芬芳。

（7）云雾茶：云雾茶是庐山的特产，主要特点是味醇，色秀，香馨，液清。

（8）普洱茶：普洱茶主要产于云南省勐海县，主要特点是条索肥壮，茶嫩多白毫，色泽青绿，滋味醇厚，香气独特，耐冲泡，具有明显的药疗效果，可助消化，化痰去湿，暖胃生津。

（9）猴魁：猴魁茶产于黄山山脉猴坑，主要特点是白毫多而不露，茶色苍绿，香气高爽，味浓而带甜，属茶中珍品。

（10）君山银针：君山银针茶以湖南岳阳君山产的最为著名，主要特点是芽头苗壮，紧实而挺立，茶芽的长短大小均匀，白毫显露，形如银针，内呈金黄色。冲泡后香气清鲜，汤色橙黄，叶底明亮茶叶甘醇，清香可口。

（11）石亭绿茶：石亭绿茶以福建九日山莲花峰产的最著名，主要特点是外形紧结，色泽银灰带绿，汤水清澈碧绿，叶底明翠嫩绿，滋味醇爽，香气芬芳馥郁，即浓醇又耐泡，有提神的功效。

（12）凤凰单枞：凤凰单枞茶产于广东潮安县凤凰山一带，主要特点是条索粗壮，匀整挺直，色泽浅金褐色，油润有光，泛朱砂红色点，香气清高悠深，有独特的芳香，滋味浓爽，润喉回甘。

（13）黄山毛峰：黄山毛峰以安徽歙县黄山产的为珍品，主要特点是芽叶肥壮，身披银毫，油润光滑，色似象牙，茶汤清澈，醇香鲜爽，回味甘甜。

（14）茉莉花茶：茉莉茶以福建省福州产的为最佳，主要特点是外形美，汤色清，香味浓。

后 记

十二年前一个偶然的机会，让笔者成为一名"旅游人"，从此便开始与旅游打交道，并必将为此付出毕生的心血。从某种意义上说，此书是笔者的旅游生涯总结，而本书的宗旨则是想给读者关于如何优化旅游管理的启迪。

书稿完成的那一刻，让笔者体会最深刻的是，越到收尾阶段，越是艰难，就如同一个人爬山，越接近山顶，路越陡峭，心也越忐忑；既期待看到心中期望已久的无限风光，又担心所谓的风景只是一两棵树和几块石头而已。

这十几万字的书稿，虽然其中的内容并非所有都是笔者的亲身经历，也并非所有评析都由笔者亲自总结，但本人平时勤于整理并内化的许多知识都贯注其中，希望通过我的笔触把这些人类文明的精华、这些成功人士的体会，一一呈现到大家面前。本书既总结了成功者的共性，又加入了个人感受。相信丰富多彩的内容，能让读者们在学习知识与技能的同时感受到阅读乐趣。

书是编写者所作，成果是集众人的智慧而结成的。阿坝师专管理系主任陈林副教授多次鼓励和支持本书的编写，并提出具体的设想；笔者的同学及好友——成都海峡国际旅行社武超总经理不厌其烦地全心全力帮助我，并提供了不少珍贵的资料。在此笔者向他们表示由衷的谢意。最后，特别还要向出版此书的西南交通大学出版社致以衷心的感谢，相关人员为完善本书悉心编校，促成本书顺利出版。

张进伟

2014 年 10 月于成都